SUDISTE

MARC H JUHEL

Copyright 2021 by Marc Juhel

All right reserved.
Published in the United States of America
First Edition

ISBN 9798985233407 (ebook)

Cover picture credit: Banque Mondiale 2020.

Gardons le pessimisme pour des jours meilleurs.

LU SUR UN MUR DE GENÈVE, DANS LES ANNÉES 2000

PROLOGUE

L'avenir est une ambition rare. Démesurément exigeante pour beaucoup, tant ils sont occupés à survivre. Bien sûr il faut ajouter de la perspective, du contexte comme on aime à dire lors des débats aseptisés où les aspérités blessantes du quotidien sont élégamment enveloppées dans les bandelettes de la sémantique sociale. Il y a survie et survie. Se maintenir à flots entre les pressions immédiates du cadre professionnel—pour ceux qui ont la chance d'en avoir un—, les attentes impatientes et recomposées des familles du même nom, les impératifs relationnels démultipliés par la virtualité envahissante, tout en gardant l'équilibre entre les tentations consuméristes et les réalités budgétaires, en est une forme. Mais une forme somme toute déjà élaborée, affranchie le plus souvent du souci des besoins élémentaires. Assez oppressante assurément pour obscurcir l'horizon de l'aboutissement personnel, mais sans trop de menaces instantanées pour demain matin. C'est en quelque sorte la condition de beaucoup dans les pays dits riches, ceux qu'on nomme développés dans le lexique économique dominant. Il y a des survies plus littérales.

Des millions d'habitants des pays pauvres ne savent pas en s'éveillant s'ils pourront trouver de quoi manger d'ici le soir. Nul besoin de diagnostic psychosocial pour analyser leur mal-être. Et pourtant l'avenir de la planète, et sans doute l'avenir de l'humanité toute entière dépend largement de ce qu'ils deviendront. Des survivants, ou des statistiques ?

Par commodité de langage, ces pays pauvres sont fréquemment définis comme les pays du Sud, même si cette facilité fait bon marché de la géographie. Un bon ami l'apprit ainsi à ses dépens, qui fut recalé à l'écrit de l'Ecole Nationale d'Administration pour avoir bravement placé l'Inde dans l'hémisphère Sud...

Ayant eu le privilège de travailler depuis maintenant plus de trente-cinq ans sur le terrain du développement de ces pays où la créativité des nomenclatures descriptives ne s'est jamais démentie, passant au gré des scrupules linguistiques et des modes administratives du classique *pays en développement* au sophistiqué *pays à vocation d'émergence*, puis au factuel *pays en transition*—dénotant déjà un grade supérieur—et à l'euphémisme suggestif des *pays les moins avancés* pour parler des plus pauvres d'entre eux, je me propose de vous emmener cheminer sur un itinéraire improbable. Une promenade insolite entre les véritables enjeux et les habillages géopolitiques, la lumière crue de la misère du monde et les prismes colorés des perspectives idéologiques, les indignations sincères et les tartuferies de circonstance.

TOURNEZ LA PAGE, le Sud nous attend.

QUI SERA PENDU ?

Bien que l'aide au développement s'entende à l'origine comme appui à la croissance économique d'un pays dans son ensemble, par le biais d'un faisceau de politiques devant déterminer la conduite de la gestion des Etats, il est apparu au fil du temps qu'il n'était finalement pas possible de se satisfaire uniquement d'une approche limitée au contrôle des grands agrégats macro-économiques. L'amélioration des conditions de vie ne saurait se lire seulement dans les statistiques de croissance du Produit Intérieur Brut. Or dès que l'on parle de réformes—ingrédient incontournable des actions de développement—surgit en général dans la foulée le concept de gagnants et de perdants des réformes en question. Mais s'il est certainement possible que certaines réformes profitent à certains groupes sociaux plus qu'à d'autres, voire pénalisent certains acteurs au bénéfice d'acteurs jusqu'ici moins bien traités, il n'en demeure pas moins nécessaire que l'objectif ultime soit l'obtention de meilleures conditions d'existence pour l'ensemble de la collectivité. Autrement dit, une politique de développement qui réussit ne peut pas être un jeu à somme nulle.

Il s'avère sans doute utile à ce stade de faire un rapide retour historique sur un concept aujourd'hui galvaudé, et qui fut à l'origine de tant d'interprétations—de bonne comme de mauvaise foi—qu'il mérite à tout le moins une sereine mise au point. Je veux parler ici du Consensus de Washington.

L'expression elle-même fut inventée en 1989 par John Williamson, *Senior Fellow* à l'Institut d'Economie Internationale de Washington, dans le contexte de la préparation d'une conférence pour examiner dans quelle mesure les pays d'Amérique Latine mettaient en œuvre une série de politiques nouvelle pour surmonter la crise de la dette. Pour son auteur, qui fut sans doute le premier surpris du succès de sa trouvaille sémantique, ce n'était qu'un document de travail dans lequel il recensait les politiques qui, *à son avis personnel*, bénéficiaient alors d'un assentiment partagé par les acteurs de Washington impliqués dans les programmes de soutien à l'Amérique Latine, soit la Banque Mondiale, le Fonds Monétaire International, la Banque Interaméricaine de Développement, et les autorités américaines. Il ne s'agissait donc que d'une proposition, non d'une conclusion, encore moins d'un catalogue impératif entériné par les thuriféraires impénitents du libéralisme sauvage.

A dire le vrai, ce document listait dix instruments de politique économique qu'il serait difficile, même en se replaçant dans le cadre de l'époque, de qualifier de franchement révolutionnaires[1]. On y trouvait en effet : (i) *la discipline budgétaire*, les déficits publics entrainant une inflation élevée qui pénalisait surtout les plus modestes qui ne pouvaient transférer leurs avoirs hors du pays ; (ii) *la redéfinition des priorités en matière de dépenses publiques*, au profit de la santé, de l'éducation et des infrastructures, ceci au bénéfice de la croissance et des plus démunis, et au détriment des subventions discrétionnaires au mérite discutable ; (iii) *la réforme fiscale*, basée sur une large assiette fiscale et des taux d'imposition marginaux modérés ; (iv) *la libéralisation des taux d'intérêt*, (v) *un taux de change compétitif*, c'est-à-dire non surévalué, (vi) *la libéralisation du commerce* ; (vii) *la libéralisation des investissements directs étrangers*, mais sans inclure la libéralisation complète des mouvements de capitaux ; (viii) *la privatisation* des activités à caractère commercial ; (ix) *la dérégulation*, s'entendant comme l'assouplissement des barrières à l'entrée et à la sortie des marchés, et non des règles de sécurité et de protection de l'environnement ; et (x) *les droits de propriété*, dans le but de donner au secteur informel la possibilité de les obtenir à un coût acceptable.

En résumé, une liste de suggestions organisée autour de trois thèmes qu'il apparait aujourd'hui encore aventureux de discréditer comme non pertinents dans l'optique d'une gestion raisonnable des richesses, avérées et potentielles, d'un pays : des politiques macroéconomiques disciplinées, le recours aux marchés, et la libéralisation du commerce. Que la version populiste en ait fait les Dix Commandements honnis des fondamentalistes du laissez-faire économique relève davantage de la diatribe électoraliste que de l'analyse critique. Si l'on devait appliquer cette grille de lecture déformée à la gestion d'un ménage, il faudrait alors conclure qu'un chef de famille qui veille à ne pas dépenser plus qu'il ne gagne, fait jouer la concurrence pour acheter au meilleur rapport qualité/prix, et cherche à diversifier ses fournisseurs n'est qu'un dangereux intégriste néolibéral. Il s'avère d'ailleurs intéressant de remarquer que dans la sphère politique, à compter des années 2000, il devint plutôt gratifiant pour les aspirants au pouvoir, dans de nombreux pays en développement, de prendre pour cible nominalement le fameux consensus tout en proposant des programmes économiques qui reprenaient dans les faits ses principaux éléments. Ainsi, pendant qu'il faisait campagne en 2002 pour la présidence du Brésil, Luiz Inacio Lula da Silva promettait qu'une fois élu il abolirait dans la foulée le Consensus de Washington, tout en basant son programme sur la lutte contre l'inflation, le développement des échanges commerciaux et le soutien au secteur privé, soit les principes mêmes du Consensus, qu'il mit d'ailleurs en œuvre pour le plus grand bénéfice de la population brésilienne, en particulier des plus pauvres, sous ses mandats successifs.

En réalité, le plus remarquable dans le Consensus de Washington, et qui aurait cette fois justifié une critique déterminée, tient à ce qu'il ne dit pas. La grande absente : l'équité. De fait, hormis une référence explicite à la nécessité de rediriger les dépenses publiques vers la santé, l'éducation et l'infrastructure, ce qui bénéficie en premier lieu aux moins favorisés, on ne trouve pas d'objectif d'équité sociale dans le Consensus. Une bonne et simple raison en est la genèse du document lui-même, qui se donnait pour but de rassembler les orientations de politique économique sur lesquelles un consensus raisonnable existait alors dans les cénacles washingtoniens—et l'équité sociale n'en faisait pas partie. Une hypothèse communément admise à l'époque consistait à penser qu'à partir du moment où la croissance économique était forte, les bénéfices qu'elle apportait devaient naturellement percoler à travers les strates du tissu social pour finalement bénéficier à tous (c'était la thèse dite du *trickling down*).

Cela n'a pas empêché les institutions financières internationales, qui avaient déjà clairement orienté leurs activités sur la lutte contre la pauvreté, d'identifier la nécessité d'approfondir l'application du concept d'équité dans leurs programmes d'assistance. Ce fut un des soucis prioritaires de James Wolfhenson à la Banque Mondiale dans les années 90, et la recherche d'une amélioration dans la distribution des revenus complète désormais systématiquement la quête de l'accroissement du taux de croissance dans la majorité des programmes d'aide au développement. Mieux partager la prospérité va dorénavant de pair avec l'éradication de l'extrême pauvreté.

Il faut cependant se montrer clair sur le sens des mots. *«Mal nommer les choses, c'est ajouter au malheur du monde»*, disait Albert Camus. Equité n'est pas égalité, encore moins égalitarisme. Mais ces derniers vocables se vendent mieux sur les tréteaux électoraux quand il s'agit de courtiser les populations en difficulté ou de donner bonne conscience à bon marché aux élites fortunées en mal d'idéal. De cette confusion verbale nombre de politiciens de peu d'envergure font ainsi leur miel, rameutant leurs électeurs à grands coups de droits de l'homme mal digérés. Loin du Sud métaphorique, certains pays européens ne sont pas les derniers à danser sur cette musique.

La vraie question qu'il convient de se poser consiste à savoir comment articuler au mieux l'action sur la croissance avec la réduction des inégalités pour obtenir l'impact le plus efficace sur la diminution de la pauvreté. Et la réponse est loin d'être évidente.

Entre 1981 et 2008, le pourcentage de la population extrêmement pauvre dans le monde, estimé sur la base du critère d'un revenu de 1.25 US$ par jour ou moins, a baissé de 52% à 22%. De plus, malgré un accroissement de 35% de la population globale sur cette même période, le nombre des personnes touchées par l'extrême pauvreté a lui aussi reculé de 1,8 à 1,3 milliard d'individus. Bien que l'on puisse s'en féliciter, un monde avec 1,3 milliard de très pauvres et jusqu'à 2,5 milliards de pauvres—sur la base d'un revenu maximal de 2 US$ par jour—demeure à l'évidence encore inacceptable.

Quelles ont été les principales raisons de cette évolution favorable ? Les études réalisées à ce jour s'accordent à conclure que la croissance économique est globalement responsable d'au moins deux tiers de l'amélioration, le reste provenant de la réduction des inégalités de revenus. Mais au-delà de la clarté apparente des chiffres, un examen plus circonstancié met en évidence un jeu de phénomènes plus complexe qui pourrait suggérer des dynamiques locales où croissance et réduction des inégalités jouent parfois à fronts renversés quant à leur impact cumulé sur la pauvreté. Ainsi, les pays responsables de 80% de la réduction de la pauvreté globale au cours des deux dernières décennies ont connu parallèlement un accroissement des inégalités. Ce fait peut naturellement être interprété comme une confirmation supplémentaire du rôle clé de la croissance économique. Mais il peut aussi poser la question des interactions entre croissance, pauvreté et redistribution des revenus, plus précisément encore celle de la séquence des interventions. Le cas de la Chine est assez exemplaire sur ce point.

En 1981, la part de la population chinoise vivant dans l'extrême pauvreté atteignait 84%, et globalement 43% des plus pauvres de la planète vivaient en Chine. Trente ans plus tard, le ratio d'extrême pauvreté y est descendu à 12%. Aujourd'hui la population chinoise très pauvre ne représente plus que 13% de la pauvreté globale. C'est sans conteste un remarquable résultat, qui fait d'ailleurs de la Chine le premier pays en développement à avoir atteint, avec cinq ans d'avance, le principal objectif du millénaire des Nations Unies, soit avoir réduit l'extrême pauvreté de moitié en 2015. Mais simultanément, les inégalités de revenus ont évolué en sens inverse tout au long de la période, tout en reconnaissant toutefois qu'elles étaient notoirement limitées en 1980.

Il faut remarquer à ce stade que les pays d'Asie du Sud en général, et la Chine en particulier, constituaient dans les dernières décennies du vingtième siècle une région de basse inégalité, en fort contraste par exemple avec l'Amérique Latine qui demeure depuis longtemps la région de la planète où les inégalités de revenus sont les plus importantes. Avant d'aller plus loin cependant, il convient sans doute de préciser en quelques mots comment les statisticiens et les économistes mesurent l'inégalité au sein d'un même pays.

Comme de juste, au début de l'histoire on trouve un économiste et un statisticien, plus exactement un économiste américain et un statisticien italien, Max Lorenz et Corrado Gini. Max construisit en 1905 une courbe décrivant la répartition des revenus rapportée à la distribution de la population, et en 1912 Corrado en extrayait l'index qui porte aujourd'hui son nom. L'index Gini, qui va de zéro à un, exprime la distribution des revenus nets d'une population, la valeur zéro correspondant à l'égalité parfaite (tous les individus reçoivent un revenu identique) et la valeur un à l'inégalité absolue (un seul individu reçoit tout le revenu et tous les autres rien). En ce sens l'index Gini aide à représenter l'écart entre riches et pauvres au sein d'une population définie.

L'index Gini de la Chine était d'environ 0.30 au début des années 80 pour atteindre 0.48 en 2008, niveau autour duquel il s'est à peu près stabilisé jusqu'à maintenant[2]. Il faut réaliser que cela place la Chine dans le groupe des pays les plus inégaux du monde, avec le Mexique (Gini 0.51), le

Nicaragua (Gini 0.52), et le Pérou (Gini 0.48), mais demeurant malgré tout en-dessous du Brésil (Gini 0.56). A titre de comparaison, l'index Gini pour la France qui était de 0.38 en 1984 n'était plus que de 0.29 en 2017. La question se pose donc : comment une stratégie performante de réduction de la pauvreté peut-elle aussi conduire à une forte augmentation des inégalités, ou encore, de manière peut-être plus polémique, l'accroissement des inégalités contribue-t-il d'une certaine façon à la réduction de la pauvreté en stimulant la croissance, et jusqu'à quelle limite peut-il être tolérable ?

Car il faut bien remarquer que ce haut niveau d'inégalité, et d'inégalité croissante, ne reflète en rien une détérioration des conditions de vie des Chinois les plus pauvres, bien au contraire. Ainsi quand on observe, par exemple, la période récente allant de 2002 jusqu'à 2007, on constate que les revenus du segment le plus pauvre de la population ont augmenté de près de cinquante pour cent, avec pour conséquence une chute spectaculaire du taux de pauvreté à l'échelle nationale.

Pour autant, les inégalités de revenus, loin de se réduire, ont continué d'augmenter durant cette période, car simultanément le revenu du segment le plus riche de la population a pratiquement doublé.

Il s'avère intéressant de contraster, sur pratiquement le même intervalle de temps, l'expérience chinoise avec celle du Brésil. Comme on l'a vu, le Brésil est un des pays où les inégalités de revenu sont le plus prononcées. Or entre 1998 et 2009, l'index Gini du Brésil a décliné de cinq pour cent, traduisant une baisse des inégalités conséquence d'une croissance soutenue du revenu des plus pauvres combinée à une croissance moins rapide du revenu des plus riches. Ainsi les premiers ont-ils vu leurs revenus augmenter de cinq à six pour cent par an, tandis que les revenus des seconds ne progressaient que d'environ un pour cent. Par comparaison, pendant ce temps en Chine si les revenus des plus riches augmentaient encore de quatorze pour cent par an, ceux des plus pauvres engrangeaient néanmoins une croissance annuelle de dix pour cent, soit deux fois plus rapide que celle de leurs homologues brésiliens. En dépit de l'aggravation des inégalités, du strict point de vue de l'amélioration des conditions de vie des plus pauvres on peut ainsi conclure qu'au cours de la première décennie du vingt et unième siècle il valait encore mieux être chinois que brésilien.

Les raisons de l'évolution chinoise sont multiples, mais une des plus importantes, sinon la principale, tient à l'apparition de la propriété privée. Interdite durant la vie de Mao, celle-ci commença d'être introduite dans les années 80 puis fut largement développée dans la décennie suivante, en y incluant en particulier l'immobilier urbain. Et les conséquences furent immédiates. En dix ans quatre-vingt-dix pour cent des ménages chinois devinrent propriétaires de leur habitation. Ajoutons à cela l'ouverture des marchés financiers et l'établissement des bourses de valeurs mobilières, et les principaux éléments de la dynamique de croissance des patrimoines et des revenus associés étaient en place. Les valeurs des actifs urbains tendant à croître plus rapidement que les actifs ruraux pendant cette période, cette différentiation devint un des vecteurs de l'accroissement des inégalités de richesse parmi la population. Toutefois, comme on l'a vu toutes les catégories, y compris et en particulier les plus pauvres, bénéficièrent largement de ce processus.

Avec le ralentissement de la croissance cependant, les autorités chinoises cherchent aujourd'hui à corriger ce phénomène en développant des politiques de transferts et de redistribution fiscale au bénéfice des moins bien lotis. La question que l'on pourrait alors se poser consisterait à se demander dans quelle mesure ces politiques n'auraient pas dû intervenir dès le début de la période, quand les ferments de la croissance inégalitaire des richesses venaient juste d'être plantés. Mais c'est précisément à ce stade qu'une réflexion s'impose. En effet, une politique de redistribution agressive—financée par exemple en taxant lourdement les plus-values de toutes sortes dès l'ouverture à la propriété privée—n'aurait-elle pas risqué de gripper alors la dynamique de croissance, décourageant la prise de risque et détournant ainsi les investisseurs potentiels, petits et grands, qui engendrèrent ce mouvement de création de richesse à spectre large qui s'avéra bénéfique pour tous ? Un certain accroissement des inégalités ne serait-il pas un facteur positif dans la mise en œuvre d'une politique de libération des capacités de création de richesse, à la condition impérative que les plus pauvres en bénéficient également ? Cette expérience ne suggèrerait-elle pas une séquence optimale entre la création de nouvelles opportunités, la montée en puissance—même inégalitaire—des revenus et patrimoines, et la phase de redistribution conçue comme un rééquilibrage, nécessaire mais prudent, qui corrigera les excès relatifs de la phase initiale tout en en préservant la dynamique ?

En ce sens, les mesures d'ouverture des opportunités—comme l'accession rendue possible à la propriété privée en Chine—sont comme des ressorts que l'on libère : les potentiels brimés par la contrainte bureaucratique ou les corsets idéologiques s'expriment d'autant plus que l'on laisse le ressort se détendre librement. Vouloir corriger prématurément son expansion reviendrait à en brider la course, atrophiant simultanément les impacts attendus, et ce au plus grand détriment des moins favorisés qui n'ont souvent guère de stratégie de rechange. Bien sûr, il y a des limites au degré d'inégalité qu'une société libre peut tolérer, et plus les catégories vulnérables se sentent exclues des bénéfices de la croissance, plus est grande l'intolérance. Ainsi au Brésil était-il clair au début des années 2000 que mieux distribuer la richesse nationale était devenu une condition de survie d'un tissu social déjà tendu à l'extrême.

Décider comment articuler ces politiques pour créer les conditions d'une croissance inclusive et pérenne demeure le délicat apanage des gouvernements. Pour les pays encore parmi les plus pauvres, ce sont des choix décisifs qui devraient échapper à toute idéologie pour se concentrer sur les conditions de succès que suggèrent l'analyse des conditions locales et l'identification des gisements humains et matériels inexploités. Mais souvent ces analyses elles-mêmes, toutes professionnelles soient-elles, sous-estiment la volonté des populations pour sortir de la misère, pour affirmer leur liberté pour peu qu'on veuille la leur offrir autrement que sur le papier glacé de constitutions hypocrites. Il faut savoir écouter la voix des pauvres, qui savent mieux que personne ce qu'ils cherchent, ont pour eux l'énergie de l'espoir, même et surtout déraisonnable, et ne demandent souvent qu'un peu de confiance et de considération.

Dans bien des cas ce qu'ils demanderont d'abord, c'est l'accès. Accès au dispensaire, accès à l'école, accès au marché pour passer d'une culture de survie à une agriculture de production, accès à la microfinance pour démultiplier leurs capacités d'agir : c'est à ce stade qu'il faut laisser le ressort se détendre sans entraves, car c'est aussi la liberté d'entreprendre des classes plus aisées de ces mêmes pays qui les amènera à mieux rémunérer le travail des plus pauvres, et à créer ainsi ce cercle vertueux où la richesse créée rejaillit sur tous—et tant pis si dans un premier temps certains s'enrichissent plus vite, si c'est la condition pour que tous bénéficient des retombées de la croissance.

Mais ce qu'il faut chercher à éviter, c'est bien la redistribution sans croissance, ce jeu à somme nulle qui décourage les créateurs de richesse, fait fuir les plus entreprenants et confine les plus vulnérables dans un cercle vicieux de dépendance aux prébendes administratives, elles-mêmes fatalement limitées par la contrainte fiscale et le poids de l'endettement des états.

L'AUTRE OUBLIÉE du Consensus de Washington, ou à tout le moins négligée, c'est l'importance de la régulation publique. Rappelons que lorsque le Consensus conseille la dérégulation, cela doit s'entendre uniquement comme l'assouplissement des barrières à l'entrée comme à la sortie des marchés, et rien d'autre. Cependant il est bien évident que le thème de la dérégulation au sens large, compris comme le retrait de l'Etat et la limitation drastique de son ingérence, même réglementaire, dans la sphère commerciale, a pris une ampleur considérable dans les deux décennies qui suivirent.

Or il apparait clairement aujourd'hui que ce retrait fut dans bien des cas exagéré, tant dans son amplitude que dans sa durée. On a ainsi trop vite confondu libération du potentiel productif avec dérégulation. Et s'il demeure indiscutable que la suppression des entraves à la concurrence et le démantèlement des monopoles publics ont bien souvent produit des bénéfices substantiels pour les citoyens consommateurs de biens et services, l'affaiblissement du contrôle public sur des secteurs entiers de l'économie s'est parfois traduit par des dérives des plus dangereuses pour la pérennité des sociétés démocratiques. Pour reprendre une phraséologie récemment remise à la mode par Hollywood, si la dérégulation vertueuse peut parfois représenter l'affranchissement des forces vives de l'économie, dans sa forme extrême l'asservissement aux marchés rappelle alors le côté obscur de la Force.

Pour entrevoir une des plus pures—ou pires—illustrations des conséquences de l'abdication de la régulation publique dans le secteur financier, partons pour l'Albanie. Lors de ma première visite en Juin 1992, le pays sort tout juste de quarante-six ans de dictature. Au mois de Mars, les élections législatives viennent de voir la victoire d'un parti non communiste, pour la première fois dans l'histoire nationale. L'atmosphère est à la rupture avec le passé totalitaire et à la démocratisation de la société. Mais en Juin les avenues de Tirana, la capitale, nous renvoient pratiquement cinquante ans en arrière. Très peu de voitures—sous la dictature elles étaient réservées aux dignitaires du parti. Les antiques Mercedes noires sont devenues les voitures de fonction de la nouvelle administration, on leur a en quelque sorte redonné une virginité en arrachant de leurs plaques d'immatriculation l'étoile rouge désormais proscrite. A part elles, seules quelques charrettes tirées par des ânes animent lentement les grandes artères de la ville. Dans l'ancien quartier réservé jusqu'alors interdit à la population, là où les caciques du régime habitaient dans leurs villas de fonction, peu osent encore s'aventurer. Les esplanades, les places, les jardins publics, ne voient passer que quelques piétons discrets.

En réalité le premier choc remonte à la descente de l'avion vers l'aéroport de Tirana. A mesure que l'on se rapproche du sol, on est intrigué par ces innombrables rondelles grises qui semblent réparties au hasard, sans dessein bien précis, à travers les champs. C'est en sortant de l'aérogare—un terme bien hyperbolique pour le petit bâtiment de béton qui d'évidence n'a jamais été à pareille fête—et en prenant la route de la capitale qu'il faut se résoudre à comprendre : les rondelles grises, ce sont des bunkers. De toutes tailles, des individuels, des pour couples, des familiaux. Des centaines, des milliers de bunkers, comme des champignons monstrueux trouant le sol dans une croissance anarchique. On en répertoriera finalement plus de cent mille dans tout le pays. Renseignements pris, ils représentaient le système de défense populaire national. Chaque habitant devait demeurer prêt, à l'appel des autorités, à saisir son fusil et rejoindre le bunker le plus proche, d'où il défendrait le socialisme albanais contre les assauts d'un monde hostile. Le socialisme albanais de l'époque a disparu corps et biens, mais les bunkers ont survécu sous forme de souvenir touristique. J'ai ainsi aujourd'hui sur mon bureau le modèle réduit, taillé dans le marbre, d'un bunker albanais.

Mais tout va changer bientôt. Les attentes des Albanais sont immenses, le gouvernement veut aller vite. L'entreprise privée devient la norme, les sociétés d'Etat vont petit à petit disparaitre. L'apparition des premiers restaurants indépendants à Tirana témoignent du nouvel ordre social en marche. Les restaurants d'Etat feront bien quelque temps de la résistance, mais la sélection du ventre est impitoyable. En quelques mois la capitale change de visage. Les voitures, d'abord, par centaines, envahissent les rues. Pour la grande majorité des véhicules d'occasion venant des pays limitrophes, puisque maintenant les frontières sont ouvertes. Les petits commerces complémentaires se déploient sur les trottoirs, où l'on peut acheter pièces détachées, accessoires et plaques d'immatriculation. Mais bientôt on pourra aussi y acheter des permis de conduire, premier symptôme d'une administration débordée par une évolution trop rapide du cadre de vie. Car avec les voitures, dont on murmure que bon nombre ont été volées en Europe de l'Ouest, pénètrent les mafias, bien mieux organisées à ce stade que les services publics, malgré toute la bonne volonté des nouveaux dirigeants.

Sur l'esplanade Frasheri, entre les plages de gazon timide et les arbustes, des dizaines de kiosques vont pousser, proposant journaux, cartes postales, boissons, souvenirs. Ils s'appellent California, Manhattan, Florida, New York. La liberté était américaine, forcément. Et avec elle, les rêves de confort, de richesse, de prospérité. Comment ne pas croire que tout est possible quand un ordre vieux de plusieurs générations vient de sombrer en quelques semaines, quand tout, ou pratiquement tout, de ce qui était interdit hier est aujourd'hui permis. Tout à coup, l'espérance est sans limite. Car l'Ouest est largement une mythologie. Il faut rappeler qu'en termes de relations extérieures le régime communiste a témoigné au fil des ans d'une sélectivité idéologique capricieuse. Après avoir d'abord prêté allégeance au grand frère soviétique en 1946, les états d'âme de Nikita Khrouchtchev vis-à-vis du stalinisme conduisirent Tirana à la rupture à la fin des années 50, pour se retourner vers la Chine maoïste. Mais dans les années 70 l'idylle à nouveau tourne court et la Corée du Nord devient pour un temps l'unique partenaire acceptable. Difficile dans ces conditions de se constituer une collection de cartes postales représentative de l'état du monde.

Quant à la liberté, une excursion à Pogradec, sur la rive albanaise du lac Ohrid, en offre une allégorie définitive. Alors qu'en face, la forêt descend harmonieusement jusqu'à la berge macédonienne, côté albanais les souches de centaines de troncs rasés pour dégager le champ des miradors aux abords du lac témoignent de l'attention portée par le régime aux citoyens assez aventureux pour envisager une escapade hors du jardin d'Eden du socialisme authentique.

Dès lors, bien sûr maintenant tous les rêves sont permis. Pourquoi douter de l'avenir, qui ne peut qu'être prometteur et gratifiant. La porte sur le pays des merveilles s'est ouverte, et tout le monde se pousse du col pour apercevoir ses munificences et tenter de s'en approprier un peu. Or justement, dans les toutes premières années de cette liberté retrouvée, les Albanais découvrent un conte de fées. Dans le courant de 1995, de grandes sociétés locales, reconnues, commencent à lever des fonds auprès du public en offrant des taux de rémunération bien supérieurs à ceux proposés par les banques d'Etat. Puis très vite, dès le début de 1996, de nouvelles sociétés financières apparaissent, qui annoncent des taux de retour de 6 à 8 pour cent par mois, soit un taux annuel réel autour de 100 pour cent par an, le doublement de l'investissement initial. Comme à l'époque l'inflation annuelle tourne autour de 15 pour cent, l'affaire est alléchante. Mais ces opérations se développent alors que le cadre réglementaire encadrant le secteur financier est encore très inadéquat, la responsabilité de la surveillance du marché informel n'étant pas clairement établie. Personne, par exemple, ne contrôle si les sociétés possèdent des actifs de valeur compatible avec l'ampleur des dépôts qu'elles collectent. De plus, malgré l'adoption d'une législation bancaire en Février 1996, qui était censée donner à la Banque d'Albanie le pouvoir de fermer les sociétés de dépôt illégales, la banque centrale ne peut obtenir l'appui du gouvernement pour sa mise en œuvre—bien au contraire, plusieurs de ces sociétés assurent leur impunité en contribuant au financement de la campagne des élections législatives qui s'annoncent[3].

Ce que l'Albanie découvre alors, c'est tout simplement le système de la pyramide financière. Dans une pyramide financière, la société attire les investisseurs en leur offrant des rendements très élevés; les rémunérations versées aux premiers investisseurs sont prélevées sur les investissements ultérieurs. La pyramide est insolvable par construction—le passif étant supérieur à l'actif—du jour où elle commence ses opérations. Mais elle est prospère au départ quand la promesse d'une forte rémunération fait accourir les déposants.

Et les déposants accourent. Ce d'autant plus qu'à mesure que l'année s'avance, la compétition entre les sociétés de collecte s'intensifie, et les taux de rendement flambent, jusqu'à 10, puis 19, puis 30 pour cent par mois. En l'absence de signal du gouvernement, qui demeure passif malgré les avertissements du Fonds Monétaire International et de la Banque Mondiale, le public plébiscite les fonds de placement. Après tout, la fortune pour tous, n'est-ce pas cela, le capitalisme ? Bientôt les Albanais vendent logements et troupeaux pour investir dans les pyramides financières. Tirana devient une immense foire au bétail. Près des deux tiers de la population placent leurs fonds dans ces sociétés, au point que la valeur nominale du passif des pyramides culmine à presque la moitié du Produit Intérieur Brut du pays.

Inévitablement, à l'automne 1996, le système commence à se gripper. Une première société se déclare en cessation de paiement en Novembre. Puis d'autres suivent en Janvier 1997. La Banque d'Albanie limite les retraits quotidiens des comptes en banque. Enfin, en Février, le Parlement passe une loi interdisant les opérations pyramidales. Mais c'est trop peu, trop tard. En Mars 1997, l'Albanie sombre dans le chaos.

Le résultat s'avère dévastateur. Le pays est au bord de la guerre civile, l'armée et la police désertent en masse, on pille les arsenaux, et quelque deux mille personnes sont tuées lors des émeutes qui suivent l'effondrement des pyramides. Le gouvernement perd le contrôle d'une grande partie du territoire, les étrangers sont évacués et ceux qui le peuvent quittent le pays. Fin Juin, la monnaie nationale, le Lek, a perdu 40 pour cent de sa valeur par rapport au dollar et les prix ont augmenté de 28 pour cent en six mois. Il faudra presqu'un an à un nouveau gouvernement intérimaire, avec l'appui d'une expertise internationale, pour liquider les pyramides et rétablir le fonctionnement normal de l'administration.

Cet épisode albanais est évidemment extrême par l'amplitude du phénomène et la gravité de ses conséquences. Mais il demeure symptomatique d'une situation où la démission de la puissance publique de ses responsabilités régulatrices laisse les citoyens à la merci de dérives dont ils ne peuvent souvent mesurer les menaces. En l'occurrence, la faute cardinale du gouvernement de l'époque fut de ne pas protéger ses nationaux d'un piège qu'ils ne pouvaient pas connaître, et d'un risque qu'ils ne savaient pas évaluer.

Dix ans plus tard, c'est aux Etats-Unis que les insuffisances de la régulation du système bancaire, aggravées par le laxisme délibéré de l'administration républicaine d'alors, déclenchèrent la plus sérieuse crise économique et financière depuis les années trente. Les hommes étant ce qu'ils sont et l'appât du gain à court terme trop souvent le moteur principal de l'initiative individuelle, une régulation publique raisonnable dans l'intérêt du bien commun est une nécessité de bon sens. Et le bon sens ne connaît pas de frontières.

TOUTE TRANSFORMATION, toute réforme sur le chemin du développement revient à bousculer un équilibre existant, souvent ancré, aussi inefficace soit-il, dans les mœurs, les traditions, ou seulement les habitudes de pouvoir, pour le remplacer par un nouvel équilibre plus respectueux des attentes de toute la population et plus à même de promouvoir un modèle de croissance participatif où la contribution de chacun permet à tous d'en retirer les bénéfices. Mais si la formulation paraît simple, la pratique demeure compliquée.

En effet, il n'est pas rare que lors des premières étapes de la réforme, certaines catégories s'estiment lésées par rapport à leur condition antérieure. On peut sommairement décrire deux types de situation. Dans la première, ce sont des acteurs économiquement bien installés, mais bénéficiant d'un système qui garantit leur bien-être au détriment de catégories sociales moins favorisées, qui vont s'élever contre la transformation proposée, en mobilisant si nécessaire les réseaux traditionnels ou coutumiers au nom de la pérennité des cultures locales. Dans la seconde, ce sont des acteurs pauvres, sans grande capacité d'expression, qui risquent, paradoxalement, de se trouver victimes d'initiatives pourtant conçues à l'origine pour leur venir en aide.

Le premier cas est sans doute le plus fréquent. Les réformateurs doivent ici faire preuve de courage dans leurs convictions, et pratiquer une pédagogie ouverte en rassemblant largement la société civile dans son ensemble pour expliquer le bien-fondé du processus choisi, ses bénéfices à moyen et long terme, et les mesures transitoires envisagées pour faciliter la transition pour ceux qui s'estimeraient temporairement mis en difficulté. Il peut arriver que les autorités doivent passer en force lorsqu'en dépit de l'élargissement du consensus, l'opposition tourne à l'obstruction. Dans cette phase, l'appui des institutions internationales de développement peut s'avérer précieux pour aider le gouvernement à circonvenir les plus récalcitrants et à construire une base sociale solide pour la mise en œuvre du programme de réformes.

Le second cas peut surprendre. Comment, direz-vous, des programmes de réformes économiques axées sur la réduction de la pauvreté pourraient-ils dans certaines circonstances aggraver la condition d'une population déjà pauvre ? En fait cela peut arriver plus souvent qu'on ne pense, surtout lors des étapes initiales de la transformation, si l'on ne prend pas garde d'évaluer scrupuleusement l'impact des premières mesures sur les populations fragiles. Prenons un cas d'école, à la frontière de l'Inde et du Bangladesh cette fois.

Hormis les 250 derniers kilomètres de sa frontière orientale avec le Myanmar et son littoral maritime sur la Baie du Bengale, le Bangladesh est pratiquement enclavé dans le territoire indien. De fait, les sept états orientaux de l'Union Indienne[4] entourent le Bangladesh au Nord et à l'Est, étant reliés au reste de l'Union par un étroit corridor, d'une trentaine de kilomètres de large au plus serré, surnommé le *cou de poulet*. Cette partie Nord-Est de l'Inde obtient le principal de son approvisionnement depuis le reste du territoire national. Ainsi, pour un camion de marchandises partant de Calcutta, le grand marché commercial le plus proche, il faut huit jours pour couvrir les 1.615 kilomètres jusqu'à Agartala, la capitale du Tripura, en contournant le territoire Bangladeshi. Il existe une autre route, plus courte de mille kilomètres environ, qui relie directement Calcutta à Agartala en traversant le Bangladesh. Sur le papier, le temps de camionnage est ainsi ramené à deux jours. Une proportion importante du trafic tente ainsi d'utiliser cette route. Mais à ses risques et périls —car il faut introduire ici les raisons d'un agenda connu sous le nom de *facilitation du commerce international*.

En termes clairs, il s'agit de simplifier les procédures administratives, douane et police principalement, mais aussi contrôles phytosanitaires, s'appliquant aux passages de frontières pour les personnes et les biens. La facilitation du commerce international a pris des galons sur la scène diplomatique en devenant explicitement une partie du programme global de négociations commerciales lancé lors de la quatrième conférence ministérielle de l'Organisation Mondiale du Commerce (OMC), en Novembre 2001 à Doha au Qatar. Ce *round* de discussions, en jargon diplomatique, a d'ailleurs été officieusement baptisé l'Agenda de Doha pour le Développement, car son objectif fondamental est d'améliorer les conditions d'accès des pays en développement aux marchés internationaux. Après des débuts laborieux, le chapitre sur la facilitation du commerce a finalement connu une conclusion provisoire encourageante avec l'accord de Bali de Décembre 2013, adopté lors de la neuvième conférence ministérielle de l'OMC en Indonésie. L'accord de Bali établit des principes pour faciliter en particulier le passage en douane et les mouvements de transit des marchandises.

Toutefois, comme on a pu le constater au vu des repères calendaires ci-dessus, l'OMC est une machine qui se hâte lentement, et l'accord de Bali est encore loin d'être en application sur une grande échelle—témoin la situation au poste frontière de Petrapole/Benapole entre l'Inde et le Bangladesh, celui qui nous intéresse dans cette histoire.

En effet, aujourd'hui il faut en moyenne deux jours et demi pour passer le contrôle douanier à la frontière, à quoi il convient d'ajouter, conséquence directe de cette situation, deux jours à faire la queue pour atteindre le poste frontière lui-même. Mais ce n'est pas tout. Comme la politique actuelle du Bangladesh ne permet pas aux camions étrangers de rouler son sol, les marchandises doivent être transférées des camions indiens sur des camions bangladeshis. Et cette contrainte s'applique en sens inverse aux exportateurs bangladeshis qui souhaitent utiliser le port indien de Calcutta, juste distant de 83 kilomètres de Benapole alors que le port bangladeshi de Chittagong, au Sud-Est du pays, est bien plus éloigné, car l'Inde applique réciproquement la même politique et n'accepte pas les camions bangladeshis sur son territoire. Au final, beaucoup de temps perdu, des coûts supplémentaires à payer par les consommateurs des états indiens orientaux du fait de la cherté du transport, des bénéfices moindres pour les exportateurs bangladeshis qui doivent serrer leurs marges pour absorber ces surcoûts à la frontière et rester compétitifs sur les marchés extérieurs, sans compter l'imprévisibilité des délais d'acheminement qui peuvent faire manquer l'escale d'un navire à Calcutta et vont nécessiter des stocks plus importants pour pallier ce risque.

Pour les procédures douanières comme pour le transit des camions, la mise en œuvre de l'accord de Bali devrait faciliter les choses. Encore que les pays de transit tendent souvent à voir dans ce trafic qui ne leur appartient pas au mieux une contrainte, au pire une menace. Et bien sûr les soucis sécuritaires et les tensions régionales ne font rien pour fluidifier les flux commerciaux. Mais enfin il est permis d'espérer que la bonne volonté universelle et les intérêts bien compris des pays finissent par l'emporter, et qu'ainsi par exemple, après avoir simplifié les procédures douanières, le Bangladesh et l'Inde autorisent, avec les sauvegardes nécessaires, le transit des camions du pays voisin sur leur territoire. C'est une décision qui ne demande que peu de dépenses, a vrai dire pratiquement aucune hormis l'amélioration des communications entre services frontaliers des deux pays et l'établissement d'un système de garantie financière pour les cargaisons en transit (sur le modèle du TIR[5] européen par exemple), donc qui pourrait intervenir très vite si les deux pays en décidaient ainsi. Au vu des contraintes qui disparaitraient pour ainsi dire du jour au lendemain, ce sont tous les acteurs de la chaine commerciale et de transport entre l'Inde et le Bangladesh qui en seraient les grands bénéficiaires.

Enfin, presque tous.

Car aujourd'hui, au poste frontière de Petrapole/Benapole, les marchandises ne passent pas d'un camion à l'autre par enchantement. Pour se conformer à la loi en vigueur de part et d'autre de la frontière, ce sont des milliers de manutentionnaires, pour la plupart sans grande qualification, qui assurent quotidiennement cette opération qui constitue leur seul gagne-pain, parfois pour toute une famille. Dès lors la décision qui supprimerait ce transbordement abolirait du même coup ces milliers d'emplois, littéralement aussi du jour au lendemain. Et ce sont bien sûr des travailleurs pauvres, inorganisés et sans grande capacité de recours, qui en seraient les victimes.

Ceci ne saurait être une raison, naturellement, pour renoncer à la modernisation des conditions de transit comme aux multiples bénéfices qu'elle recèle pour le plus grand nombre. Mais simultanément, il serait inconcevable d'accepter que la mise en œuvre de cette réforme condamne purement et simplement des milliers de familles pauvres à la famine. Or le risque existe, dans ce cas comme dans beaucoup d'autres, que la vision macro-économique, toute pertinente qu'elle soit, fasse l'impasse sur des réalités humaines de terrain inaccessibles aux agrégats statistiques. Il faut donc prendre sa loupe, son bâton et son sac à dos, et aller voir. Quand on a vu, on réalise vite, en l'occurrence, qu'il n'est guère envisageable d'expliquer aux manutentionnaires de Benapole que bon, d'accord ils vont sans doute mourir de faim avant un an, mais qu'ils doivent se sentir contents de contribuer ainsi à la progression du niveau de vie moyen de toute la population. Après tout, se diront-ils bien légitimement, charité bien ordonnée commence par soi-même.

Dans une telle situation, la condition nécessaire pour envisager de prendre les mesures de facilitation du transit sera d'identifier des conditions d'emploi alternatives pour les manutentionnaires des deux côtés de la frontière, et de les assister dans la transition correspondante. En termes pratiques, ce sera par exemple un programme de construction, bâtiments ou travaux publics, que le gouvernement lancera en parallèle et pour lequel il imposera qu'on recrute en priorité les travailleurs de la frontière. Le rôle des bailleurs de fonds multilatéraux qui supporteraient financièrement la réforme du transit régional sera de s'assurer aussi de l'efficacité des mesures de soutien à la transition des personnes affectées vers de nouvelles conditions d'emploi stables, quitte à également proposer, le cas échéant, des formules transitoires de soutien financier direct aux familles.

LE CHEMIN du développement est un itinéraire de patience. De persévérance aussi. La formule en demeure largement insaisissable, tant elle s'avère rétive aux généralisations confortables. La prudence est de mise face aux évidences trop théoriques, qu'il convient toujours de frotter aux aspérités têtues de la survie quotidienne. Car il reste facile, en dépit des meilleures intentions et du meilleur savoir-faire, de blesser involontairement ceux-là même que l'on cherche à soutenir. Malgré les bases de données toujours plus riches, les modélisations toujours plus fines, les ordinateurs toujours plus puissants, la petite mécanique humaine reste irréductible à l'approche purement rationnelle. Il y a encore trop d'inconnues dans le système.

En mathématiques, on apprend que pour résoudre un système à inconnues multiples, il faut pouvoir écrire autant d'équations indépendantes qu'il y a d'inconnues. *Indépendantes* est le mot clé, car si les modèles économiques contiennent beaucoup d'équations, peu sont réellement indépendantes les unes des autres. Les comportements, en particulier, avec leur substrat culturel, ethnique, religieux, mystique parfois, résistent à l'analyse économétrique, et les variables fictives qu'utilisent parfois les économistes pour contourner cette résistance ont peu de prise sur une réalité aussi obstinée qu'intangible.

En fin de compte, sans doute faut-il demeurer modeste et humble dans nos efforts de partage et de soutien, partage du savoir sans pour autant dévaloriser le savoir de ceux que l'on souhaite aider, soutien financier sans pour cela sous-estimer la valeur intrinsèque des contributions de ceux qui connaitront toujours mieux leur pays que les meilleurs experts étrangers, même avec toute la bonne volonté du monde. L'important sera toujours qu'à la fin de la partie, aussi longtemps qu'ait duré le jeu, personne ne soit pendu.

1. D'après *A Short History of the Washington Consensus*, par John Williamson.
2. D'après *The Challenge of High Inequality in China*, par Terry Sicular, *Inequality in Focus*, Banque Mondiale, 2013.
3. D'après *"The Rise and Fall of the Pyramid Schemes in Albania"*, par Christopher Jarvis, Fonds Monétaire International, 1999.
4. Assam, Arunachal Pradesh, Nagaland, Manipur, Mizoram, Tripura et Meghalaya.
5. TIR est l'acronyme de *Transports Internationaux Routiers*.

LE GRAIN DE SABLE ET LE GRAIN DE BLÉ

Madagascar, années 80. La troisième décennie de l'indépendance pour la république malgache se déroule dans la douleur. Le virage socialiste autoritaire de 1975, la sortie de la zone franc, les nouvelles alliances avec les pays du bloc communiste, ont jeté le pays sur un chemin chaotique. La classe moyenne, qui avait fait pour une bonne part la force du pays lors des quinze premières années de la république, subit de plein fouet les conséquences de cette politique et voit sa qualité de vie s'effriter d'année en année. La dépréciation du franc malgache, en particulier, rabote les économies et sape les espérances. Un journal titre alors : « *Etudes en France : le rêve s'envole*». Dans les entreprises, on met au coffre blocs de papier et stylos à bille. Le contrôle des changes tatillon—il faut déclarer dans le détail les billets en devises étrangères que l'on apporte lors de la descente de l'avion, et justifier dans le même détail au départ ceux que l'on remporte et ceux que l'on a changé en monnaie locale, sous peine d'amende ou même de prison—dissuade les touristes malgré l'incomparable attrait d'une géographie superbe et encore sauvegardée. Le pays, qui exportait du riz dans les années 60, doit maintenant en importer pour assurer ses besoins alimentaires. Les temps ne sont pas à l'optimisme.

L'existence d'une classe moyenne établie lors de l'indépendance était pourtant un atout capital pour Madagascar. Car c'est elle qui anime l'économie, crée de l'emploi, produit de la richesse. Trop de pays, en Afrique notamment, ont longtemps souffert d'une structure sociale limitée à une classe dirigeante étroite, se reproduisant par cooptation, et dominant un vaste prolétariat mi- agricole mi-urbain largement dépourvu de perspectives d'avenir. Or, alors que la situation se dégrade à Madagascar, elle s'améliore au fil des trente dernières années sur le continent africain, puisque selon la Banque Africaine de Développement, en 2014 un africain sur trois appartient désormais à la classe moyenne. Au même moment, à Madagascar neuf personnes sur dix vivent avec moins de deux dollars américains par jour pour, et la classe moyenne a pratiquement disparu.

Ce ne fut pourtant pas faute de résistance. Voyez Madame Rabary[1], qui travaillait alors comme cadre chargée des statistiques dans une direction centrale des transports à Antananarivo, la capitale. Debout tous les jours à quatre heures du matin, elle commençait par cuire des pâtisseries qu'elle allait alors vendre à une boutique de son quartier. Puis direction le ministère, où elle travaillait jusqu'à environ quatre heures de l'après-midi, quand il devenait difficile de voir clair dans les bureaux car l'électricité ne fonctionnait pas dans l'immeuble. Ensuite, Madame Rabary prenait un autobus pour une heure de route dans la direction d'Antsirabe, jusqu'au siège d'une petite entreprise dont elle faisait la comptabilité. Au total, trois emplois pour des journées de dix-huit heures, et une abnégation sans faille. Faut-il préciser qu'elle élevait ainsi seule deux enfants ?

Le cas de Madagascar est d'autant plus aberrant que le pays se trouve doté de multiples atouts naturels. Un territoire grand comme la France mais trois fois moins peuplé, des territoires s'échelonnant du niveau de la mer à plus de mille quatre cents mètres d'altitude, amenant sur les marchés produits tropicaux comme productions des cultures tempérées, une population industrieuse et dure au travail, des paysages uniques promettant au visiteur des découvertes rares et des rencontres inoubliables. Jamais ne devrait-on trouver dans un tel pays quatre-vingt-dix pour cent de pauvres. Mais voilà, après quinze ans d'indépendance les nouveaux dirigeants du pays décidèrent que l'avenir était à l'industrie lourde et à l'économie administrée. Au lieu du marché libre qui prévalait jusque-là, les paysans furent contraints de vendre leur riz à l'Etat à un prix décidé par l'administration. Ils réduisirent alors leur production pour seulement satisfaire leurs besoins propres, et les villes commencèrent à manquer de riz, nécessitant des importations coûteuses en devises pour une monnaie déjà fragile. Des investissements colossaux allèrent sur des complexes industriels qui finiraient presque tous en monuments déserts, témoignages surréalistes de l'aveuglement idéologique de politiciens enfermés dans une logique de caste et sourds aux besoins élémentaires de la population.

Madagascar abrite sept différentes espèces de baobabs. Aux dernières nouvelles les baobabs ne votent pas, mais si d'aventure ils devaient voter un jour, il y a gros à parier qu'ils formeraient sept partis politiques distincts. Car le jeu politique, lui, se porte bien, aujourd'hui comme hier. Le pays n'a guère progressé, si ce n'est par à-coups, des avancées parfois prometteuses, mais trop souvent ruinées par l'inconstance du pouvoir et les égoïsmes de ses commensaux. Mais cela n'empêche pas la prolifération des partis, donc des chefs de parti, qui mènent en rond le jeu si délicieux des alliances, des trahisons, des réconciliations tactiques, des conspirations adultères. La presse a de quoi faire, et ne s'en prive pas. Mais le peuple, lui, végète. Il faut reconnaître que les épisodes trop attendus de renouveau politique ont souvent laissé dans les mémoires des déchirures béantes. Ainsi en 1993, quand les élections législatives portent au pouvoir une coalition de partis d'opposition pour la première fois depuis 1975. L'espoir est immense. Mais la toute première décision des députés de la nouvelle Assemblée Nationale sera de s'octroyer chacun un véhicule 4X4 tout terrain, payé bien sûr par le contribuable. Impact garanti sur les grandes espérances.

EN RÉALITÉ, la question illustrée par le cas malgache est plus large. Dans quelle mesure les gouvernements des pays en développement s'intéressent-ils vraiment à soulager la pauvreté ? Bien sûr, il faut aller derrière les mots, au-delà des slogans. Aucun dirigeant ne dira qu'il ne veut pas aider les pauvres. Mais combien sont décidés à vraiment aller vers eux ? Approchons la question avec un peu de perspective historique. Avant la reconnaissance de la faillite du communisme comme de ses dérivés socialistes autoritaires et tropicaux, il y avait en gros deux manières institutionnelles de traiter le problème. D'une part la manière libérale, consistant dans le principe à encourager la compétition parmi l'économie privée pour dynamiser la croissance, créer des emplois et atteindre ainsi toutes les couches de la population, y compris les moins favorisées. D'autre part précisément la manière que nous dirons socialiste pour faire simple, censée privilégier le soutien aux plus vulnérables par le biais d'une maitrise étatique de l'économie. Après les indépendances des années 50-60, les nouveaux pays souverains se répartirent entre les deux modèles, certains, comme Madagascar, commençant par l'un, le « libéral » en l'occurrence, pour plus tard basculer sur l'autre, le « socialiste » à Antananarivo en 1975.

Cependant les deux formules prenaient des libertés significatives par rapport à leur définition académique. Côté libéral, la supposée libre compétition devait souvent s'accommoder d'une forte présence étatique s'incarnant dans de nombreux monopoles dépassant largement le simple cadre régalien, créant dans les faits une architecture économique mi-commerciale mi- administrée, avec en prime parfois ce fleuron de la créativité technocratique française qu'est l'économie mixte. Côté socialiste, la gestion économique dite populaire se traduisait d'abord par la concentration, bientôt suivie de la confiscation, de tous les pouvoirs au bénéfice d'une caste bureaucratique justifiant son dirigisme au nom de l'orthodoxie idéologique et aussi, souvent, de la rupture avec l'ancien pouvoir colonial forcément détestable. Force est de constater que dans un cas comme dans l'autre, le souci de la condition des plus pauvres n'a jamais fait les gros titres. Profession de foi dans la liberté économique d'un côté—mais tenant pour acquis, avec des doses variables de bonne foi, que les plus pauvres ne peuvent qu'en bénéficier puisque la réussite est autorisée pour tous, même si certains demeurent plus autorisés que d'autres en vertu de critères d'appartenance ou d'allégeance qui sont autant de barrières à l'égalité des chances—; soumission au dogme idéologique de l'autre, indiscutable par définition—les divers *partis du peuple* » ne sauraient faire que le bonheur de ce dernier, même si les premiers rangs de la chorale édénique des lendemains qui chantent restent réservés aux familiers de la chefferie quelque soient leurs qualités vocales.

Quand bien même les partisans des partis qui aiment à se qualifier de progressistes parviennent à atteindre le pouvoir, on ne constate guère d'acharnement chez les nouvelles excellences à placer en priorité les soucis des plus pauvres, alors même qu'ils en avaient fait leur cheval de bataille lors de leur conquête gouvernementale. S'il faut citer un exemple tristement illustré par l'actualité de ces dernières années, tournons-nous vers le Népal. Nous avons tous en mémoire la tragédie du tremblement de terre d'Avril 2015, ces milliers de morts, ces villages ravagés. Pourtant cette catastrophe était non seulement prévisible, mais prévue. Si l'échéance précise ne pouvait être déterminée, sa probabilité était élevée et ne faisait que croître avec le temps. Les autorités connaissaient donc bien la menace, et ce depuis de nombreuses années. Or précisément, ces autorités avaient connu une évolution plutôt radicale au fil des deux dernières décennies. Dans les années 90, une insurrection maoïste s'était développée dans le pays, dans le but avoué de renverser un régime monarchique et féodal centenaire dont les hiérarques, enfermés dans leurs palais de Kathmandou, ne témoignaient pas d'une considération remarquable pour les conditions de vie difficiles de leurs sujets moins fortunés. La répartition grossièrement inéquitable des ressources et l'abandon des populations rurales à leur sort nourrirent alors le ressentiment contre un pouvoir royal autiste, et les rebelles enrôlaient leurs soutiens sur la base de promesses d'intégration sociale et de développement des infrastructures dans les régions les plus déshéritées.

La rébellion dura jusqu'en 2006 et fit au moins douze mille morts—presque deux fois plus que le dernier tremblement de terre. Une transition pacifique fut finalement négociée sous les auspices des Nations Unies, et les anciens guérilleros abandonnèrent leurs repaires dans la brousse pour de confortables bureaux ministériels, en tant qu'acteurs à part entière de la nouvelle démocratie népalaise. Mais hormis l'intégration réussie des ex-unités combattantes rebelles au sein de l'armée nationale, finalisée en 2012, rien n'a vraiment changé dans les campagnes. En particulier, malgré la reconnaissance du risque sismique, rien ne fut entrepris pour préparer au mieux les régions pauvres à la catastrophe. Pas d'amélioration de la résilience des communications, pas d'installation de dépôts de vivres et de produits de première nécessité dans les zones éloignées les plus fragiles pour permettre une réaction rapide en cas de désastre, pas de plans d'urgence systématiques. Oubliés les déshérités, évaporées les promesses. Une fois convertis aux délices du gouvernement, les anciens révolutionnaires maoïstes préférèrent s'adonner sans vergogne à la marotte préférée des politiciens de tout poil quand ils accèdent au pouvoir : le conserver. De coalitions en dissolutions, de négociations en élections, la classe politique népalaise, tous partis confondus, n'a eu comme seule objectif stratégique que sa propre survie. Et quand la terre trembla, avec les temples historiques disparurent les dernières illusions d'une population désabusée.

Maintenant que la boussole de l'Histoire, à quelques exceptions près, semble se détourner de la vie rêvée des démocraties populaires, les régimes démocratiques libéraux offrent-ils aux plus pauvres des perspectives plus enthousiasmantes ? Disons que la prudence s'impose.

Dans de nombreux pays le poids des stéréotypes sociaux, combinés parfois avec le déterminisme culturel, conspire pour maintenir les populations pauvres dans un cercle d'impuissance. Les traditions, subies plus que révérées, font barrage aux audacieux et demandent encore plus d'efforts à ceux qui cherchent à briser le moule des convenances. Le contexte religieux encourage souvent un certain fatalisme, quand ce n'est pas un fatalisme certain. Si les pauvres sont nés pauvres, c'est par la volonté divine, quel que soit l'imaginaire qui sous-tend la foi des fidèles, et le premier devoir demeure l'acceptation de sa condition. L'organisation sociale elle-même codifie quelquefois ces destinées, comme dans le système des castes en Inde, qui bien qu'officiellement banni par l'administration, rend néanmoins encore la progression sociale d'un Intouchable plus compliquée que celle d'un Brahmane. L'héritage tribal charge également la barque, à la confluence de la géographie et de l'Histoire. Ainsi les Aladians de Côte d'Ivoire, tribu côtière, portent toujours aujourd'hui les stigmates de leur passé douloureux d'esclaves, simplement parce que vivants proche de la mer ils étaient d'autant plus facilement capturés par les marchands de bois d'ébène.

A l'indifférence sociale s'ajoute aussi souvent le mépris institutionnel. Pour prendre un tant soit peu la mesure de ce fardeau, il faut écouter comment les pauvres eux-mêmes en parlent. En 2000, la Banque Mondiale a publié une longue étude basée sur d'extensives consultations avec les populations pauvres, rassemblant les témoignages de plus de soixante-mille personnes dans soixante pays[2]. Voilà ce qu'un Brésilien dit alors : « *On dirait que les autorités ne voient pas les pauvres. On méprise tout ce qui nous touche, et surtout on méprise la pauvreté.* » Plus loin c'est une femme moldave qui parle : « *Être pauvre, c'est souffrir ; c'est comme une maladie. On se sent attaqué, non seulement sur le plan matériel, mais aussi sur le plan moral. La pauvreté vous retire toute dignité et vous plonge dans le désespoir absolu.* » Un Pakistanais complète : « *Nous, les pauvres, nous sommes invisibles pour les autres — c'est comme s'ils étaient aveugles : ils ne nous voient pas.* »

Il y a plus de deux milliards d'experts en pauvreté, les pauvres eux-mêmes. Pourtant, ceux qui dissertent le plus sur le sujet n'en font en général pas partie. Les politiques, les professionnels du développement, les officiels locaux, ont tous un avis sur la meilleure manière de faire reculer la pauvreté. Toutefois, comme le dit un Ghanéen « *La pauvreté c'est comme la chaleur, on ne peut pas la voir, on peut seulement la ressentir ; alors pour connaître la pauvreté il faut y être passé.* » Difficile bien sûr d'exiger un tel rite initiatique des apprentis politiciens, et pourtant ce serait sans doute un vaccin définitif contre la langue de bois des beaux esprits plus à l'aise à chevaucher les grands sentiments que la rossinante des savanes désertiques.

Rahul travaille dans une coopérative agricole, près d'Ahmedabad, dans l'état du Gujarat, dans l'ouest de l'Inde. Il y a quelques mois, un projet financé par une institution financière internationale a permis d'équiper la coopérative d'une machine toute neuve pour trier et ensacher les grains. Rahul a été chargé de surveiller son fonctionnement, mais ce matin, la machine ne veut pas démarrer et Rahul est inquiet. Le chef arrive, puis le chef du chef, mais la machine ne démarre toujours pas. Le directeur de la coopérative, alerté, décide alors, puisque l'engin est toujours sous garantie, d'appeler le fabricant en Allemagne. Ce dernier se déclare surpris du problème mais accepte d'envoyer immédiatement un spécialiste. A son arrivée, ledit spécialiste, après avoir fait les vérifications d'usage, se tourne vers le chef d'atelier et s'étonne que les axes de la machine n'aient à l'évidence pas été régulièrement essuyés, en utilisant à cet effet le stock de chiffons fourni avec le manuel d'entretien.

Le chef d'atelier regarde Rahul. Les chiffons ? Quels chiffons ? Rahul est sincèrement perplexe. Mais l'ingénieur allemand insiste. Ces machines sont toujours livrées avec un stock de chiffons car il est indispensable d'essuyer à intervalles réguliers les axes, sans quoi le mécanisme se grippe, comme dans le cas présent. Rahul ne comprend pas, il est sûr qu'il n'y avait pas de chiffons avec la machine quand elle a été livrée, il était là, il en est sûr. Puis tout à coup il réalise, il a peur de comprendre. Les chiffons... Ces morceaux de tissu si propres, si bien pliés, comme neufs... Rahul se tourne vers le chef d'atelier, et explique. Oui il se souvient, mais quand il a trouvé ces pièces de tissu, il ne les a pas prises pour des chiffons, elles étaient bien trop propres. Alors il les a apportées à sa femme pour qu'elle en fasse des habits pour ses enfants. Et voilà pourquoi la machine est en panne.

Chiffons au Nord, vêtements au Sud. L'image est facile, mais voilà, ce n'est pas une image. Comment un fabricant de machines-outils, allemand de surcroît, pouvait-il imaginer que ses chiffons seraient bien trop beaux, bien trop propres, bien trop neufs, pour qu'un ouvrier pauvre du Gujarat les reconnaisse pour des chiffons ?

Comme Rahul avec sa trieuse, le pauvre est le grain de sable dans la machine de l'humanité. Et comme les ingénieurs en génie civil le savent, à la différence de l'argile, le sable est incompressible. On ne peut pas le confiner, le réduire, le pressurer dans un cul de basse fosse en comptant s'en débarrasser. Il roule, le grain de sable, il vole, se dépose, repart. Il monte des déserts, il franchit les océans. Il se glisse dans chaque fente, chaque fissure, chaque interstice, il pénètre les place-fortes les mieux gardées. Puis il s'accumule, forme des tumulus, des dunes, des collines. Il modifie le trait des rivages, contrarie le cours des rivières. Pour le contenir, le stabiliser, il faut y planter des racines, le faire tissu, le faire matrice, lui confier un rôle. Pour que de nomade il devienne sédentaire, pour que de vagabond il devienne bâtisseur. Il n'y aura pas d'avenir harmonieux pour la population du globe, peut-être même pas d'avenir du tout, si un effort suffisant n'est pas consenti pour améliorer et stabiliser les conditions d'existence des plus démunis d'entre nous. C'était le sens du principal Objectif du Millénaire pour le Développement—réduire de moitié la pauvreté dans le monde en 2015—et c'est aussi pourquoi les banques multilatérales de développement, Banque Mondiale en tête, font de l'éradication de l'extrême pauvreté leur objectif premier pour 2030.

Il faut reprendre ici la réflexion sur le lien entre pauvreté et inégalité, telle que nous l'avons initiée au chapitre précédent. Il y a finalement trois formules pour réduire les inégalités : enrichir les pauvres plus vite que les riches, enrichir les pauvres en appauvrissant les riches, ou juste appauvrir les riches. Nous qualifierons la première d'économico-pragmatique, la deuxième de socio-idéologique, la troisième d'idéologico-politique, par ordre d'obsession idéologique croissante. Et comme souvent dans le monde réel, l'efficacité économique et sociale de ces formules s'avère inversement proportionnelle à leur intensité idéologique. En l'occurrence, c'est de l'idéologie égalitaire qu'il s'agit, héritage caricatural des premiers conflits sociaux de l'époque industrielle et de la pensée marxiste, dévotement entretenue par des gardiens du temple aussi fanatisés par leur foi révolutionnaire entretenue à la naphtaline des grands soirs que déconnectés des réalités triviales de l'existence. C'est en application de ces grands principes, certes baptisés dans la promesse irrésistible des lendemains qui chanteront, que nombre de dirigeants de nations nouvellement indépendantes ont consciencieusement ruiné leurs pays, hormis bien entendu la caste protégée des élites politiques, à qui l'on ne saurait après tout reprocher d'avoir simplement voulu suivre la voie si doctement tracée par leurs anciens colonisateurs, enfin par ceux qui faisaient alors carrière dans la dénonciation, en gros et en détail, de l'entreprise coloniale dans son ensemble. Les stratèges de la guerre froide sauront utiliser au mieux ces *«idiots utiles»*, pour reprendre la terminologie du Kominterm, comme ils exploiteront les espoirs bien légitimes des pays jeunes en les enrôlant dans leur croisade *«anti-impérialiste»*. Mais c'est encore une autre histoire, sur laquelle nous reviendrons d'ailleurs car elle colore une longue séquence de l'effort de développement international, où l'instrumentalisation des pays, des bons sentiments et des mauvaises intentions, conduisit beaucoup de nouveaux états dans des impasses dramatiques.

Mais revenons à notre diptyque. On a vu dans les exemples du chapitre précédent que réduction de la pauvreté et accroissement des inégalités ne sont pas forcément antinomiques. Mieux, ou pire selon la perspective de chacun, la croissance des inégalités pourrait même parfois, dans des circonstances particulières, dynamiser les revenus des plus pauvres. De ces illustrations il faut retenir deux points essentiels : d'une part, l'objectif primordial d'un gouvernement, qu'il soit du Sud ou du Nord d'ailleurs, doit être d'assurer à tous les plus vulnérables, à tous les moins bien lotis économiquement, un niveau de vie suffisant et potentiellement croissant, et d'autre part, l'idéologie égalitariste est de bien mauvais conseil en la matière. En réalité elle s'avère objectivement contre-productive, témoin Madagascar où l'égalitarisme marxiste a réussi le prodige de faire d'un pays potentiellement riche une nation de quatre-vingt-dix pour cent de pauvres. Sachons aussi reconnaître que le virus égalitaire n'épargne pas les économies supposées développées. La France est ainsi régulièrement victime, au gré des alternances politiques et en vertu de la mémoire courte d'un électorat désorienté, de ces accès de fièvre égalitaire qui grimpe d'autant plus vite que le pays n'a jamais vraiment purgé son eczéma révolutionnaire, fonds de commerce épuisé de partis sans imagination mais drogués à la bonne conscience universelle et au recyclage approximatif des vérités premières. Pierre Daninos avait ainsi remarquablement décrit les comportements que cet évangile favorise, quand il évoquait, dans « Les Carnets du Major Thompson », l'attitude du Français moyen face au conducteur d'une voiture de luxe. A la différence de l'Américain, écrivait-il, qui imaginera alors le jour où il pourra conduire la sienne, le Français rêvera plutôt de celui où il pourra faire descendre de sa voiture ce riche insupportable, afin qu'il marche *comme les autres*. On aurait du mal à trouver plus parfaite illustration de l'effet démobilisateur de l'idéologie égalitaire —l'anesthésie par le nivellement.

Car enfin, si la plus grande réussite des uns favorise la réussite des autres, qui s'en plaindra, à part les grincheux professionnels, qui d'ailleurs manquent souvent de réussite ? En réalité, l'utopie égalitaire sacrifie les plus pauvres à la satisfaction cérébrale des intellectuels bien intentionnés ou à la soif de pouvoir des potentats cyniques. Et ses ravages sont encore plus étendus et durables dans les pays jeunes, qui n'ont pas encore construit leur modèle économique national. Cela ne signifie pas, naturellement, qu'il faille se désintéresser des inégalités ou ne pas les combattre quand elles sont nuisibles, c'est-à-dire quand elles perdurent ou s'accroissent au détriment d'une partie de la population. Il faut seulement ne pas se tromper de cible, et organiser les priorités des politiques publiques en conséquence. Et la cible prioritaire, absolument prioritaire, doit demeurer d'élever le niveau de vie des plus pauvres, de tous les plus pauvres, au- dessus du seuil jugé raisonnable pour garantir des conditions d'existence décentes. Si la dynamique économique qui permet d'obtenir ce résultat conduit à un accroissement temporaire des inégalités, ce ne doit pas être considéré comme rédhibitoire, mais au contraire comme un mécanisme qui constitue des réserves de richesse qu'il sera possible de mettre à contribution plus tard, quand se sera stabilisé l'équilibre social de ce segment de la population qu'il serait réconfortant de ne plus devoir appeler les plus pauvres, mais les moins riches.

D'ailleurs rien de cela n'est bien neuf dans l'esprit. C'est la calcification des dogmes et l'étroitesse accélérée de la réflexion politique qui mure les acteurs dans des intégrismes sectaires dont le bon sens est exclu. Pourtant la sagesse et la raison n'ont pas d'âge, témoin Abraham Lincoln, président des États-Unis d'Amérique, s'exprimant devant le Congrès : « *Vous ne pouvez pas créer la prospérité en décourageant l'épargne, vous ne pouvez pas donner la force au faible en affaiblissant le fort, vous ne pouvez pas aider le salarié en anéantissant l'employeur, vous ne pouvez pas encourager la fraternité humaine en encourageant la lutte des classes, vous ne pouvez pas aider le pauvre en ruinant le riche, vous ne pouvez pas éviter les ennuis en dépensant plus que vous ne gagnez, vous ne pouvez pas forger le caractère et le courage en décourageant l'initiative et l'indépendance, vous ne pouvez pas aider les hommes continuellement en faisant pour eux ce qu'ils devraient faire eux-mêmes..... ».* C'était en 1860.

Bien sûr, il faut pouvoir admettre qu'il y aura toujours des plus riches, des riches, et des moins riches. Mais la véritable réussite de l'entreprise, ce serait qu'il n'y ait plus de pauvres. Plus de pauvres au Nord, où il y en a encore beaucoup trop, mais aussi plus de pauvres au Sud, où ils sont si nombreux qu'ils disparaissent dans la statistique.

Soyons clair, ce n'est pas seulement de philanthropie qu'il s'agit. C'est de l'intérêt bien compris de chacun d'entre nous, de nos enfants en particulier. L'époque est devenue transparente. Le pire et le meilleur, la fortune et la misère sont en vitrine au quotidien. Les avancées technologiques, dans les communications principalement, abolissent la distance et contournent les paravents traditionnels qui protégeaient du regard des foules l'indigence des malheureux comme les excentricités des fortunés. Les uns doivent désormais voir des souffrances qu'ils pouvaient prétendre ignorer, les autres découvrent des folies qu'ils ne pouvaient concevoir. Avec des conséquences inégales, mais profondes.

Car le vent se lève, qui porte les grains de sable du Sud vers le Nord. L'Europe, écartelée entre ses principes de droit d'asile et son chômage endémique, cherche à concilier ses bonnes intentions et l'exaspération de ses électeurs en mobilisant tous les moyens possibles, même militaires, dans un seul but : que les migrants cessent d'arriver à travers la Méditerranée. Aux Etats-Unis, un mur de mille deux cent kilomètres, érigé sur la frontière avec le Mexique, tente de dissuader les cohortes qui montent chaque jour, chaque nuit surtout, à l'assaut de la terre promise. Simultanément, en Israël, le gouvernement cherche à réduire la pression démographique de ses migrants Africains, Ethiopiens et Soudanais principalement, en leur offrant 3.500 US Dollars et un billet d'avion pour qu'ils retournent sur leur continent d'origine. En somme, au Nord on se claquemure, au Sud on se catapulte. Avec de dramatiques résultats. Si c'est par milliers que les passagers du désespoir se noient entre Lybie et Lampedusa, c'est par centaines chaque année que les Mexicains de tous âges meurent de soif dans le désert de l'Arizona ou du Texas quand ils réussissent à franchir la frontière. En 2012, le shérif du comté de Brooks, le plus pauvre du Texas, mais qui se trouve sur l'un des principaux corridors utilisés par les immigrants clandestins, a dépensé le tiers de son budget dans la récupération et l'inhumation de cadavres d'immigrants illégaux—enfin ce que les coyotes en avaient laissé. Et quant aux Africains quittant Israël avec leur viatique en poche, nombre d'entre eux cherchent à gagner la Lybie pour trouver un hypothétique passage vers l'Europe, au risque d'être capturés et exécutés par les militants de l'Etat Islamique.

Alors bien sûr, nous connaissons tous la rengaine, le refrain résigné. Le Nord ne peut pas accueillir toute la misère du monde. Certes. Tous ces malheureux feraient mieux de chercher à construire leur avenir chez eux. Assurément, si tant est qu'il y ait un avenir à construire. Et si aujourd'hui il n'y en a pas, c'est la responsabilité et l'intérêt bien compris des pays stables que d'investir leurs capacités, humaines et financières, dans sa construction.

Encore faudrait-il, évidemment, que les pays aujourd'hui dits riches, les pays du Nord, commencent par s'occuper efficacement de leurs propres pauvres, condition première pour que leurs populations acceptent la nécessité d'aider les pauvres du rivage d'en face. A ce compte-là, il y a encore du progrès à faire. Ainsi les administrations Républicaines du Kansas et du Missouri, aux Etats-Unis, ont-elles voté une loi interdisant aux bénéficiaires de tickets d'alimentation—les *food stamps*—de les utiliser pour acheter des douceurs, chocolats ou pâtisseries. Dans ces états, les pauvres seront privés de dessert. Ça leur apprendra. Mais à faire quoi, au juste ? A gâcher le paysage ? A donner mauvaise conscience aux élites satisfaites ? A ne pas s'enrichir assez vite pour apprendre à leur tour à mépriser ceux qui auront encore besoin de solidarité humaine pour survivre ? Si jamais vous passez par Topeka ou Jefferson City, allez- donc le leur demander.

EN MARS 2002, *Lloyd's List*, le journal alors vieux de deux cent soixante-huit ans et candidat au titre de plus ancien quotidien de la planète, décida d'abandonner, dans ses colonnes en tout cas, la tradition voulant qu'un bateau soit de genre féminin en anglais. Or ce fut une grave erreur. Fort heureusement, rares furent les institutions britanniques à suivre la nouvelle norme, qui ravalait le navire à la condition sans saveur de neutre.

On a semble-t-il perdu la trace objective des origines de la tradition, mais les hypothèses abondent. Le métier de marin ayant été depuis l'Antiquité réservé aux hommes, ceux qui s'aventuraient ainsi sur l'inconnu océanique aspiraient sans doute à une protection tutélaire féminine, et ainsi nombre de bateaux étaient dédiés à des déesses, ou quelquefois plus prosaïquement aux épouses ou aux mères de ceux qui les faisaient construire. Les marins eux- mêmes, livrés aux caprices d'une nature tyrannique et cruelle, voyaient peut-être aussi dans leur navire la compagne qui manquait tant à leurs saisons itinérantes. Plus tard, Henry le Navigateur, un prince portugais du XVème siècle qui finança de nombreuses explorations maritimes autour du globe, dont celle de Magellan, disait que tous ses navires étaient du genre féminin car « *il y fallait toujours beaucoup de poudre et de peinture pour avoir belle apparence* ». C'était avant le féminisme.

Les psychanalystes, jamais à court d'idées pour réduire le monde à leurs obsessions primitivo-sexuelles, virent dans le bateau le prolongement de l'utérus maternel, ergo le genre. Au moins pour une fois c'était inoffensif. Mais quelle qu'en ait été la source, il parait approprié d'associer ainsi le navire, véhicule initial de la découverte, vaisseau premier de la conquête et de l'appropriation du monde par l'humanité, à une figure féminine. C'est la femme qui guide l'enfant sur le chemin de l'avenir, qui débroussaille la route au-devant de ses pas, qui indique la direction sur la carte du ciel, qui l'aide à négocier les premiers obstacles, qui le protège enfin des risques qu'il sait mal anticiper. Ainsi le navire fait-il aussi le chemin pour ses marins, ouvrant les vagues à leur désir d'horizons inconnus, les protégeant des tempêtes et des attentions indésirables des hommes et des créatures marines—et occasionnellement, des sirènes. Le bateau représente alors bien le principe féminin, mêlant douceur protectrice et anticipation curieuse, tendresse maternelle et ardeur à l'effort, souplesse agile et résistance aux éléments, pour que vive et se perpétue l'aventure humaine. C'est bien de cela dont il s'agit quand nous évoquons les pays du Sud. Car le développement est affaire de femme.

En Chine, un proverbe dit que les femmes portent la moitié du ciel. Et pourtant, elles n'en tirent guère de reconnaissance. Dans un livre du même titre[3], deux journalistes new-yorkais brossent un panorama saisissant, et dramatique, de la condition des femmes dans le monde en développement. D'infanticide en violences en tout genre, c'est un parcours du combattant souvent mortel qui les attend dès avant leur naissance. L'économiste indien Amartya Sen, prix Nobel d'économie 1998, avance ainsi qu'il manque aujourd'hui cent millions de femmes dans le monde, parce que des centaines de milliers de petites filles meurent avant d'avoir un an, faute de soins appropriés. Dans certaines régions de Chine, les petites filles n'existent même pas officiellement, car on n'enregistre pas leur naissance. En Inde, plusieurs fois par jour une femme meurt sous les coups de son mari pressé de prendre une nouvelle épouse. Les exemples sont terrifiants, et pourtant c'est bien le quotidien de millions de femmes, alors même qu'elles sont le plus souvent le ferment de la survie de familles entières, et sans doute la première force derrière les efforts de développement des peuples.

C'est peut-être un des paradoxes les plus troublants de l'histoire de l'humanité que le confinement de la femme dans des rôles soustraits au regard du monde, dans le huis clos des cellules tribales et familiales où l'arbitraire masculin, tirant son pouvoir de la force physique brute, peut exercer sans contrainte ni limite son penchant pour le règne et la domination. Paradoxe, car ce règne même serait bien illusoire sans la contribution et l'assentiment des femmes à son établissement. Bien sûr, il faut reconnaître que là où de nombreuses croyances païennes révéraient le principe féminin, les grandes religions monothéistes ne se sont guère montrées compatissantes envers cette autre moitié du ciel.

Pourtant, au plus loin que porte le regard sur l'histoire humaine, au commencement était la Déesse. Qu'elle se nomme Gaia, Astarté, Isis ou Déméter, la Déesse-Mère, incarnation des forces telluriques, fertilise, protège, nourrit l'humanité balbutiante. Selon même les plus anciennes tablettes d'argile sumériennes, un couple féminin aurait régné sur la terre, avec Tiamat, divinité de la mer, génitrice originelle, et Apsû, divinité des eaux souterraines, d'où viennent les sources, les rivières et les eaux des puits. On peut saluer au passage cette intuition mythologique qu'est venu confirmer depuis l'évolution de la biologie, et qui fit de l'eau le vecteur primordial de la vie. Mais si les chapitres suivants des divers mythes de l'Antiquité ont bien des choses en commun, ce qu'ils partagent en particulier se résume aux efforts des dieux mâles pour dérober le pouvoir à la déesse originelle. La société matriarcale faisant de la résistance, les dieux sumériens décident qu'une remise à plat s'impose—on dirait aujourd'hui, probablement, un *reset*—et envoient le déluge sur les hommes pour noyer cette humanité rebelle, hormis une famille, celle d'Outnapistim (Noé dans la Bible). La nouvelle humanité, ainsi affranchie de la tutelle bienveillante de la Mère, répondra dorénavant aux seuls dieux masculins, qui ne se priveront d'ailleurs pas de lui rendre la vie misérable pour mieux éradiquer toute tentation démiurgique.

La Bible, dans l'Ancien Testament, reprend largement ces mythes, et va cristalliser, dans le récit de la Genèse, la consécration de la prééminence masculine. Faisant table rase—comme quoi l'Histoire n'a pas attendu Lénine—des mythologies primordiales et surtout de leur contenu matriarcal, la séquence du péché originel solidifie dans l'imaginaire judéo-chrétien à la fois la priorité du mâle, parce que conçu en premier[4], et la faiblesse de la femme, qui succombant à la tentation de l'interdit devient elle-même tentatrice universelle et cause potentielle de la ruine de son compagnon, risque qu'il faut circonvenir par la soumission totale et définitive de la fautive. Le Coran n'est pas plus tendre, qui édicte que les femmes sont par nature d'une intelligence déficiente, ce qui justifie ainsi que le témoignage d'un homme vaille celui de deux femmes, et qu'une femme n'hérite que de la moitié de ce qu'un homme recevrait. Pour couronner le tout, conséquence somme toute inéluctable de ces limitations ontologiques, les femmes formeraient la majorité de la population de l'Enfer. Allez donc vous étonner qu'il manque des vierges au Paradis.

Or les conséquences de ce panorama religieux sont considérables, car il imprègne toujours profondément aujourd'hui le tissu social de la quasi-totalité des pays en développement. Pourtant, la reconnaissance du rôle capital des femmes dans la mise en œuvre d'une politique de développement économique et social pérenne est dorénavant avérée par tous les acteurs sur le terrain. Les exemples abondent de l'importance de la voix des femmes, de leur pouvoir de décision, de la valeur ajoutée de leurs choix, tant dans la gestion des ressources que dans l'organisation des relations sociales de la communauté. Non seulement de son importance, mais de son efficacité supérieure. Ainsi, on constate que quand des femmes ont une voix prépondérante dans les choix de politiques publiques, les investissements sont davantage orientés vers le développement humain, la santé infantile, la nutrition et l'accès à l'emploi[5]. De même en matière de gestion agricole, où l'implication des femmes améliore à la fois la sécurité alimentaire et la protection des environnements sensibles. Et ce qui est vrai au niveau sectoriel et national l'est aussi au niveau familial. Quand elles peuvent gérer les revenus du foyer, les femmes protègent les dépenses de santé et d'éducation des enfants contre les tentations parfois plus égoïstes de leurs compagnons. Elles ont aussi à cœur d'épargner, quand c'est possible, pour se prémunir contre les mauvais jours, ou plus souvent les mauvaises saisons. Les entreprises de microfinance le savent bien, qui préfèrent prêter aux mères ou aux épouses plutôt qu'aux pères ou aux maris.

Cependant le rôle que les femmes pourront jouer dans leur famille, dans leur village et dans leur pays dépend avant tout de l'éducation qu'elles auront reçue. Ou trop souvent encore, qu'elles auront été autorisées à recevoir. Car dans les pays pauvres, quand une famille décide qu'elle peut scolariser un enfant, et un enfant seulement, c'est le garçon qu'elle choisit. La fille, dès la plus petite enfance, sera reléguée aux tâches domestiques, et plus tard elle devra travailler pour contribuer à la subsistance de la famille. Et pas seulement à des travaux d'aiguille : en Afrique, les femmes transportent encore en moyenne trois fois plus de charges que les hommes, trente tonnes/kilomètres par an environ, contre moins de dix pour leurs compagnons. C'est ainsi que sur l'ensemble des enfants scolarisés aujourd'hui dans le monde, un tiers seulement sont des filles. Conséquence directe, sur près d'un milliard d'analphabètes, les deux tiers sont des femmes. Comment pourront-elles alors résister à l'exploitation sociale et domestique, aux mariages arrangés, aux marchandages en tout genre, sans même parler des crimes d'honneur et autres réjouissances folkloriques où les egos masculins froissés se refont une santé sur la peau des femmes ?

Aujourd'hui les mariages d'enfants concernent une fille sur huit en Afrique Sub-Saharienne et en Asie. Une fille sur sept donne naissance à un enfant dès l'âge de dix-sept ans. Des études récentes permettent d'espérer que si toutes les filles pouvaient bénéficier d'une éducation primaire, les mariages d'enfants diminueraient de quatorze pour cent. Si elles suivaient toutes des études secondaires, la diminution serait de soixante-quatre pour cent. Des femmes éduquées pourraient aussi exercer leur jugement pour se soustraire à l'arbitraire irresponsable de contraintes sociales imposées par les hommes au nom de principes religieux ou culturels. Ainsi au Pakistan, trente pour cent seulement des femmes n'ayant pas reçu d'éducation estiment qu'elles ont leur mot à dire sur le nombre d'enfants qu'elles auront, alors que ce chiffre monte à soixante-trois pour cent pour les femmes qui ont suivi des études secondaires[6].

Eduquer les filles permet aussi de préserver des vies. L'UNESCO estime ainsi qu'entre 1990 et 2009, plus de deux millions d'enfants de moins de cinq ans ont eu la vie sauve grâce au progrès de l'éducation des femmes. L'Inde et le Nigeria représentent plus du tiers des décès d'enfants de par le monde. Si toutes les femmes de ces deux pays avaient suivi une éducation secondaire, on estime que la mortalité des enfants de moins de cinq ans serait de soixante et un pour cent inférieure en Inde et de quarante-trois pour cent au Nigéria.

Mais surtout, l'éducation des femmes leur apporte une capitale capacité d'autonomie pour mener leurs vies en surmontant les discriminations, préjugés et croyances anachroniques. En Angola, par exemple, le taux de fertilité des femmes non éduquées est de 7.8 enfants par femme, alors qu'il n'est que de 2.5 pour les femmes avec une éducation secondaire ou supérieure. Ainsi, si tous les pays rattrapaient les taux de scolarisation de la Corée du Sud et de Singapour, il y aurait près de huit cent cinquante millions de personnes en moins dans le monde en 2050 par rapport à la population attendue si les taux de scolarisation demeurent au niveau de l'an 2000.

Finalement, le niveau d'instruction des filles apparait comme un indice majeur du degré de liberté et de démocratie d'un pays, et par extension de son degré de développement en général. Donner aux filles et aux femmes le pouvoir sur leurs vies n'est pas seulement une exigence morale, c'est surtout une nécessité pragmatique pour l'avenir de la planète. Car c'est bien par elles que l'humanité secouera ses vieilles guenilles pour revêtir les habits d'une civilisation renouvelée, affranchie enfin des obsessions moyenâgeuses et des relents dictatoriaux. Témoin Mariam Khalique, ce professeur pakistanais qui utilise l'éducation pour développer la confiance en soi et le sens de la liberté chez les jeunes filles qu'elle enseigne. Une de ses élèves, Malala Yousafzai, à moins de seize ans est devenue un symbole du droit des filles à l'éducation dans le monde entier et de la résistance à la terreur aveugle après avoir survécu à un attentat des talibans. Les mots qu'elle lança de la tribune des Nations Unies à New York ont la simplicité du courage et la force de la raison : « *Je suis ici pour défendre le droit à l'éducation pour tous les enfants...J'invite nos sœurs de par le monde à être courageuses et à trouver en elles-mêmes la force de réaliser tout leur potentiel...Menons le combat contre l'analphabétisme, la pauvreté et le terrorisme, nos livres et nos crayons sont nos meilleures armes.* » Oui décidément, le développement passera par les femmes ou ne passera pas.

Mais rien n'est gagné. Les stéréotypes ont la vie dure, et trouvent parfois d'improbables relais à des siècles de distance. L'apôtre Paul traîne ainsi depuis le premier siècle de notre ère une réputation de misogynie peut-être exagérée, mais que ses enseignements sur la soumission des femmes à leurs maris ont inscrite dans une conscience collective débordant le sérail chrétien. Toutefois, ce sont ses édits interdisant aux femmes d'enseigner qui ont longtemps le plus pesé sur les traditions avant de perdre de l'influence. Simultanément, son refus obstiné de la sexualité, corollaire de l'image de la femme pécheresse et tentatrice, ne tolérait qu'une seule forme de rédemption : la maternité. Or à deux mille ans d'écart, voilà qu'un chef d'état musulman en exercice reprend quasiment la même ligne de pensée. En Novembre 2014, Recep Tayyip Erdogan, Président de la Turquie, n'hésite pas à déclarer que les femmes ne sauraient être considérées les égales des hommes et que l'Islam a clairement défini, et limité, leur rôle à une seule fonction, la maternité. Il a d'ailleurs précisé en de nombreuses occasions que les femmes turques devaient porter au moins trois enfants, et quatre ou cinq si possible. Voilà pour le planning familial. Notons néanmoins que la révérence marquée envers la fonction maternelle n'empêche pas que trois femmes en moyenne—elles devaient être stériles—soient tuées par des hommes chaque jour dans ce pays candidat à rejoindre l'Union Européenne. Tandis que le Forum Economique Mondial, dans son *Rapport Mondial sur la Parité entre Hommes et Femmes* 2014, classe la Turquie au 125e rang sur 142, cinq places plus bas que l'année précédente. Et cette dynamique perdure, puisque le rapport 2020 la classe désormais au 130e rang sur 153 pays analysés. Comme quoi l'obscurantisme religieux devient le dernier alibi du machisme ordinaire.

Alors faut-il vouloir revenir sur nos pas, rechercher dans la mémoire obscurcie de notre héritage millénaire les ferments d'un ordre social plus indulgent envers une humanité si prompte à construire des hiérarchies de pouvoir, le sexe fort contre le sexe faible, ceux qui ont contre ceux qui n'ont pas, les asservisseurs contre les asservis ? Michel Onfray, dans le cadre de l'Université Populaire de Caen, a proposé une réflexion sur les vertus du matriarcat comme système d'organisation politique et sociale, et semble s'interroger sur les capacités de transformation révolutionnaire de ses principes, qui vont au rebours de pratiquement tous nos codes de vie en société acceptés jusqu'à ce jour—mais la question véritable est peut-être, ont-ils été vraiment acceptés, ou plus simplement imposés par la combinaison fatale du péché originel de la Genèse ostracisant à jamais le sexe et de la violence primitive des premiers guerriers réduisant la femme à la condition de butin[7]?

Pour que le monde change, il faut bien, de temps à autre, savoir bousculer les traditions. Les stratégies du *ni-ni*, si chères aux politiciens pusillanimes qui voient dans le statu quo la meilleure garantie de leur longévité, ne transformeront pas le destin des peuples. Et le respect légitimement dû aux héritages culturels ne doit pas devenir la dernière ligne de défense des hiérarchies installées ou des intérêts corporatistes. Pourtant, il n'est pas si rare de voir des pays toujours au premier rang dans la promotion quasi-messianique des droits universels adopter un langage beaucoup plus elliptique que prescriptif face à des cas spécifiques, surtout quand il s'agit d'exprimer des vérités que la morale exige mais que la diplomatie réprouve. Partant des principes, on observe alors en général un intéressant glissement sémantique vers les valeurs. Un principe ne souffre pas d'exception. Demandez à Archimède. Une valeur se montre beaucoup plus docile à l'interprétation. Le respect des cultures locales devient ainsi bien trop souvent l'alibi des renoncements confortables, quand la survie de la panoplie morale s'accommode en sourdine d'un assouplissement de l'exigence idéaliste.

En pratique, la défense des droits de l'homme a des limites, surtout quand il s'agit du droit des femmes. Pour aller au bout du problème, il faudra souvent mettre les pieds dans le plat. Hillary Clinton raconte ainsi comment, alors Secrétaire d'Etat américaine, elle aborda sans détour avec le Premier Ministre de Papouasie Nouvelle Guinée le cas des violences domestiques récurrentes dont étaient victimes les femmes de son pays. Son interlocuteur invoquant, inévitablement, traditions et coutumes ancestrales, elle exprima en termes dénués d'ambigüité son indignation face à cette passivité et, mieux encore, évoqua ce point lors de la conférence de presse officielle qui suivit. Les media locaux s'emparèrent de l'histoire qui reçut un large écho dans la population, et de nombreuses voix se firent entendre alors pour demander une réaction forte du pouvoir en place contre ces pratiques. Fut-ce un facteur dans le choix des électeurs ? Toujours est-il qu'aux élections suivantes le Premier Ministre et son parti furent battus et remplacés par une nouvelle majorité qui prit des mesures explicites pour faire cesser les abus domestiques.

EN MAURITANIE, des femmes, justement. Des femmes, et un port. Un port dans un désert. A une dizaine de kilomètres au Sud de la capitale, le port de Nouakchott allonge sa jetée dans l'Océan Atlantique comme un long doigt tendu vers de possibles trésors sous-marins. Il y aurait du pétrole non loin du rivage—les campagnes de prospection n'ont pas encore été très fructueuses, mais le rêve demeure. En attendant, le port, un des deux havres majeurs du pays avec Nouadhibou au Nord, reste le lien crucial avec les partenaires commerciaux extérieurs. A la différence de nombreux sites portuaires, le port de Nouakchott n'est pas enclavé dans le tissu urbain, mais édifié au bord du désert, au sud de la ville. Inauguré en 1986, c'est un port jeune, et qui a, côté terre, tout l'espace pour lui. Côté mer, c'est une autre histoire. Une histoire de chinoiseries.

Car si le port autonome de Nouakchott s'appelle Port de l'Amitié, c'est qu'il est le fruit d'un accord de coopération entre la Mauritanie et la Chine. Au début des années 80, la Chine a donc semé l'amitié dans le port de Nouakchott. L'amitié, et du sable. Beaucoup de sable. En effet, la côte est capricieuse en ce point de l'Afrique de l'Ouest, et l'océan joue aux billes avec les grains de sable du rivage, les poussant du Nord vers le Sud avec une constance et une détermination comme seule peut en témoigner la patience de la mer. C'est un phénomène bien connu des spécialistes, océanographes et ingénieurs, sous le nom de transit littoral. En sa présence, il convient de prendre d'infinies précautions quand on envisage de modifier le trait de côte, par exemple pour construire un ouvrage portuaire, car quoi qu'il arrive, le transit continuera. Or il semble évident que ces considérations ont été quelque peu sous-estimées par les concepteurs de la digue de protection du nouveau port, qui ont bâti un ouvrage bloquant net le mouvement du sable à sa racine. L'océan étant têtu, le sable s'est alors accumulé au Nord de la digue, au rythme d'environ un million de mètres cubes par an, jusqu'à s'étendre sur près d'un kilomètre de large à son maximum. Mais le sable étant bloqué au Nord, il faut bien maintenant en prendre au Sud—car le transit doit continuer. En conséquence, le rivage au Sud du port a reculé de près de cinq cent mètres sur plus de huit kilomètres, la mer avalant les dunes qui formaient le cordon côtier. Tandis qu'au Nord, le sable menace de finalement contourner la digue pour venir se déposer dans le bassin du port, causant une gêne évidente à la navigation. Le port de Nouakchott, ou la revanche du sable—on y revient toujours. Mais littéralement, cette fois.

Côté terre, le port a de la place. C'est la beauté du désert. Plusieurs implantations industrielles s'étagent ainsi le long de la route d'accès. Parmi elles, une minoterie.

Lors de ma première mission sur place, je fus intrigué quand, durant une visite au port, je remarquai des dizaines de femmes, assises dans le sable au bord de la route. Chacune avait près d'elle ce que je pris d'abord pour une espèce de cerceau. Comme je m'en étonnais auprès de mes collègues locaux, on m'expliqua. Au moment d'écrire ces lignes, je ressens encore le sentiment d'incrédulité, mi-frisson mi-révélation, qui m'envahit alors. Ce que j'avais pris pour des cerceaux, c'étaient des tamis. On déchargeait au port un navire de blé en vrac, et une noria de camions allait bientôt transporter le blé jusqu'à la minoterie, un peu plus loin. La chaussée n'était pas très bonne, les camions plus très neufs. A chaque passage, un peu de blé tomberait des bennes des camions dans le sable, au bord de la route. Les femmes étaient là pour tamiser le sable et récupérer les grains de blé.

Cette image restera pour moi l'incarnation de la pauvreté absolue, dans toute sa nudité silencieuse. Combien de grains de blé faut-il pour avoir assez de farine pour cuire une boule de pain ? Combien de temps au bord de la route, sous un soleil écrasant, dans la poussière soulevée par le passage des véhicules, pour compter ces grains de blé ? Combien de temps pour avoir la farine que Madame Rabary utilise chaque matin quand elle se lève à quatre heures pour cuire les pâtisseries qu'elle vendra à son boulanger ? Jusqu'à quand peut-on trouver plus pauvre que soi ?

Six mois plus tard, pendant la mission suivante, tout au long de mes visites sur le port je fus surpris de ne plus voir de femmes le long de la route, alors même que l'on déchargeait du blé. Mais on me dit alors que c'était le signe que le pays allait mieux, les familles avaient un peu d'argent, elles pouvaient acheter de la farine ou du pain. Sur le moment j'en fus soulagé.

Je vois toujours ces Mauritaniennes à genoux sur le sable, au bord de la route, guettant les camions de blé avec la patience inépuisable dont témoignent tous ceux qui n'auront jamais rien de trop, sauf du temps.

Lors de mon dernier voyage, elles étaient revenues.

---

1. Les anecdotes rapportées sont authentiques, mais j'ai changé le nom des protagonistes pour préserver leur anonymat.
2. *Voices of the Poor*, Banque Mondiale, 2000.
3. *La Moitié du Ciel, Enquête sur des femmes extraordinaires qui combattent l'oppression*, par Nicholas Kristof et Sheryl WuDunn, Librairie Développement Durable, 2010
4. Encore qu'une amie me fasse malicieusement remarquer qu'un chef d'œuvre a toujours besoin d'une esquisse...
5. *Women in Development*, Banque Mondiale, 2010
6. *Education for All – Global Monitoring Report*, UNESCO, 2013
7. Université Populaire de Caen – Contre-histoire de la philosophie – Séminaire du 10 Janvier 2011 - *Le Matriarcat : Un Paradis Perdu*.

LA MEILLEURE FAÇON DE BOUGER

Quand il sortit de chez lui le 13 Septembre 1899, Henry Hale Bliss ne savait pas qu'il allait—à son corps défendant—entrer ce même jour dans l'histoire tragique de l'humanité. A la fin d'une journée de travail qu'on imagine bien remplie, cet expert en immobilier de New York avait quitté ses bureaux de Wall Street en compagnie d'une cliente. Comme il descendait du tramway au croisement de la 74ème rue et de Central Park West, il se retournait pour aider sa compagne à sortir à son tour lorsqu'il fut renversé par un taxi qui lui enfonça la cage thoracique. Il succomba à ses blessures le lendemain matin, devenant ainsi le premier piéton au monde victime d'une automobile, encore que d'aucuns lui disputent aujourd'hui cet honneur discutable.

Quoi qu'il en soit, depuis ce jour la statistique mondiale des victimes d'accidents de la route n'a cessé de suivre une courbe exponentielle dont la croissance impressionnante n'a d'équivalent que le degré d'indifférence mortifère qui l'accompagne dans la plupart des pays. Malgré une réelle prise de conscience dans les pays riches depuis une vingtaine d'années, qui ont vu une réduction substantielle du nombre d'accidentés de la route, conséquence de politiques mêlant une communication parfois brutale à une répression plus systématique, cet effort demeure largement annihilé au niveau global par la progression constante du nombre de victimes dans les pays en développement. Le dernier rapport global en date par l'Organisation Mondiale de la Santé confirme ainsi que 1.35 million d'individus meurent chaque année sur les routes de la planète, tandis que près de 50 millions d'autres subissent des blessures graves, qui les laissent pour beaucoup handicapés à vie dans des pays où la couverture sociale n'est encore souvent qu'un vœu pieux[1].

Pour mieux réaliser le caractère abominable de cette statistique, rapportons-là au mode de transport de loin le plus sûr aujourd'hui, l'avion. En effet, bien qu'une catastrophe aérienne fasse toujours les gros titres en raison du nombre instantané de victimes, les passagers perdant la vie en vol ne dépassent pas quelques centaines chaque année, en régression constante malgré la croissance du trafic—de 655 en 2009 à 50 en 2017—pour plus de trois milliards de passagers annuels[2]. S'il fallait illustrer les statistiques routières à travers le prisme aérien, on pourrait ainsi dire que les accidents de la route font autant de victimes qu'en feraient dix avions gros porteurs s'écrasant *chaque jour*. Mais s'il y a fort à parier que de telles catastrophes captureraient l'attention des medias du monde entier, qui mettraient en demeure les gouvernements de faire cesser l'hécatombe, force est de constater que rien de tel ne se passe lorsque la même hécatombe est routière. Morts des routes du monde, passez votre chemin...

Faut-il incriminer le profil sociologique des victimes ? Assurément les paramètres personnels moyens des passagers aériens—revenus, conditions de vie—se révèleraient sans aucun doute très supérieurs à ceux des accidentés de la route, dont les gros bataillons proviennent majoritairement désormais des pays pauvres ou à revenus moyens. Mais il y a d'autres raisons, plus pernicieuses.

Dans une de ses conférences sur le 20ème siècle, au début des années 80, Arthur Conte évoquait comme un tournant majeur l'abandon progressif du cheval comme moyen de locomotion principal des populations. L'avènement du chemin de fer, puis plus encore de l'automobile, accéléra bien sûr cette évolution. Mais il ajoutait alors que le corollaire de cette transformation technique de la mobilité allait avoir des effets radicaux sur la manière de vivre des peuples, car en abandonnant le cheval, on abandonnait surtout le pas du cheval. Or c'est ce pas qui rythmait jusqu'alors le déroulement de la vie quotidienne, les relations professionnelles et familiales, et jusqu'à l'organisation administrative des pays. C'est ainsi que le découpage départemental de la France fut défini sous l'Empire sur le principe que chaque citoyen devait pouvoir accéder au chef-lieu en un jour de cheval tout au plus.

A partir de l'abandon du pas du cheval comme étalon temporel de l'écoulement des jours, le regard sur le progrès se dota d'une dimension supplémentaire : la vitesse, ou plus exactement l'accélération de la vitesse. Il ne suffisait plus de pouvoir accéder aux lieux et aux services, la modernité se mesurait désormais à la progression dans la vitesse d'accès. Et bien sûr, en termes de mobilité individuelle, l'automobile devint le symbole premier de cette nouvelle conquête de la liberté—plus loin, plus vite, la voiture agrandissait l'espace, étirait le temps, démultipliait la vie.

Certes, les accidents de la circulation n'ont pas attendu

l'invention du moteur à explosion pour fournir de la matière aux gazettes, et les rues des villes ont toujours présenté des risques pour les passants, des plus humbles aux plus reconnus. Témoin Pierre Curie, dont la distraction lui valut de finir sous les roues d'un fiacre à Paris, en 1906. Mais l'association renforcée entre mobilité et progrès, puis progrès et vitesse, allait conduire dans l'inconscient collectif à l'acceptation du risque attaché à la vitesse. Pendant des dizaines d'années, et ce parmi les pays les plus développés, on admit en quelque sorte que les accidents de la route étaient inséparables de la recherche du progrès industriel et du confort d'existence qu'il procurait. Dans ces pays, il fallut atteindre littéralement des sommets dans le massacre pour que la société civile commençât à s'émouvoir et mît ainsi les pouvoirs publics devant leurs responsabilités. En France, on dut ainsi attendre 1972, année qui vit plus de dix-huit mille tués sur les routes (l'équivalent de la population totale de Mazamet, dans le Tarn, dont d'ailleurs tous les habitants s'allongèrent et firent les morts pendant un quart d'heure pour marquer leur indignation), pour que l'Etat décide d'intervenir. Et avec un succès certain, puisqu'en 2016 moins de trois mille cinq cent personnes mourront sur la route en France, alors qu'entretemps le trafic aura été multiplié par deux et demi.

Cependant cette tardive prise de conscience des pays riches n'aura pratiquement pas d'influence parmi les nations en développement du reste du monde. Pire même, le paradigme associant accidentologie routière et développement économique continua de se porter au mieux dans les cercles professionnels de l'aide au tiers-monde, comme on disait alors. Jusqu'à ces dernières années, il n'était ainsi pas rare d'entendre des officiels de haut niveau des institutions internationales de développement déclarer que la montée des accidents de la route n'était en fait que l'inévitable dommage collatéral de la croissance, le prix à payer en quelque sorte pour accéder à l'univers radieux de la modernité économique et de la consommation universelle illimitée.

Le discours n'allait commencer à changer, superficiellement au moins, qu'après la publication en 2004 du rapport conjoint entre la Banque Mondiale et l'Organisation Mondiale de la Santé sur la prévention des accidents de la route[3], et plus encore après le lancement par les Nations-Unies en 2011 de la première Décennie d'Action pour la Sécurité Routière. Superficiellement toutefois, car malgré la dissémination plus systématique des statistiques et l'accumulation des études établissant à grand renfort d'évaluations mathématiques la nocivité aussi bien sanitaire qu'économique des accidents de la route, la hiérarchie des priorités gouvernementales n'évolue que lentement.

Il faut reconnaitre que dans de trop nombreux pays encore en butte aux difficultés multiples et reliées de la démographie et de la pauvreté, l'acceptation de la mortalité routière vue comme un mal nécessaire sur le chemin du progrès se conjugue à un fatalisme sous-jacent qui rend difficile la mise en œuvre de politiques volontaristes de la part des autorités. Si vous avez fréquenté la Côte d'Ivoire des années 80, vous vous souvenez ainsi certainement de ces taxis-brousse arborant fièrement en haut de leur pare-brise un bandeau clamant *S'en Fout la Mort !* sans apparemment dissuader pour autant leur clientèle quotidienne. La soumission à la volonté divine, quelle qu'en soit l'origine et l'instrument, suffit trop souvent à expliquer et accepter les avatars de l'existence, fussent-ils tragiques et surtout, parfaitement évitables. Obtenir l'adhésion des populations à des politiques de prévention devient un exercice délicat quand elles paraissent remettre en question l'assujettissement aux puissances tutélaires, célestes ou telluriques, auxquelles trop d'hommes et de femmes ont encore choisi d'abandonner leur destin. Souvent il faudra des chocs émotionnels ou politiques forts pour déclencher un véritable mouvement populaire soutenant une approche gouvernementale décomplexée et pragmatique.

Retournons en Juin 2010, en Afrique du Sud. Ce vendredi 11 Juin, la foule converge vers le grand stade de Johannesburg pour la cérémonie d'ouverture de la Coupe du Monde de football, suivie du premier match de la compétition entre l'Afrique du Sud et le Mexique. Les drapeaux s'agitent, les voix s'échauffent, les *vuvuzelas* s'apprêtent à torturer bientôt des millions d'oreilles. Quinze ans après l'enthousiasme fédérateur de la Coupe du Monde de rugby, le pays s'enorgueillit à nouveau d'accueillir encore un événement phare du sport mondial. Certes, il n'est sans doute pas question cette fois d'espérer l'emporter comme en 1995, encore que, avec la magie de Madiba, le surnom affectueux de Nelson Mandela, tout est possible. Cette année-là, le tout nouveau président d'un pays à deux doigts de la guerre civile avait fait d'une compétition jusqu'alors quasi réservée aux Blancs le symbole de la naissance de la nation arc-en-ciel. Contre toute attente, les Springboks avaient réussi l'impossible, gagner la Coupe du Monde, et Nelson Mandela avait ainsi tricoté les premières mailles du nouveau tissu national. Les Français s'en souviennent encore bien, qui perdirent la demi-finale d'un souffle, face à une équipe Sud-Africaine survoltée par l'enjeu.

En 2010, à près de 92 ans Nelson Mandela n'est plus président depuis déjà onze ans, mais il demeure l'icône nationale par excellence, et il est attendu ce soir du 11 Juin dans la tribune présidentielle du stade Soccer City de Johannesburg.

Mais Madiba ne viendra pas. La nuit précédente avait eu lieu à Soweto un grand concert en prélude à l'ouverture de la Coupe du Monde, où des dizaines de milliers de spectateurs avaient chanté et dansé sur des airs de Shakira et des Black Eyed Peas. Parmi eux, Zenani Mandela, 13 ans depuis la veille, un des neuf arrière-petits enfants de Nelson Mandela. En rentrant du concert, un conducteur en état d'ivresse percute sa voiture. Zenani est tuée sur le coup.

Ce drame n'est pas le premier du genre pour l'ancien président. En 1969, trois ans après son arrivée sur Robben Island pour servir une condamnation à vie pour sabotage, il reçut un télégramme l'informant du décès de son fils aîné dans un accident de la route. Les autorités lui refusèrent l'autorisation d'assister aux obsèques.

La mort de Zenani choque le pays tout entier. Sa mère Zoleka fonde alors une fondation toujours très active aujourd'hui sur le front de la sécurité routière et surtout de la protection des jeunes enfants. Et c'est le point de départ d'une réelle politique de sécurité routière pour l'administration sud-africaine.

Il arrive parfois que le destin des gouvernants eux-mêmes, tragiquement involontaire, déclenche une prise de conscience. L'Inde connait près d'un accident de la route par minute. Avec plus de 140.000 tués par an, le pays jouit d'un triste record sur le front global de la mortalité routière. Au printemps 2014, le parti nationaliste hindou Bharatiya Janata Party (BJP) triomphe aux élections législatives. Le 26 Mai, le nouveau Premier Ministre, Narendra Modi, nomme un dirigeant de haut rang du BJP, Gopinath Munde, Ministre du Développement Rural, de l'Eau et de l'Hygiène Publique. Le 3 Juin suivant, à Delhi sur la route de l'aéroport, la voiture du ministre est percutée par un autre véhicule. Transporté à l'hôpital, M. Munde décède dans la journée, après moins de neuf jours au gouvernement. Le Premier Ministre indien, sous le choc, décide alors d'accélérer le passage au Parlement d'une loi qui s'y traînait depuis de longs mois, rendant obligatoire plusieurs mesures de prévention routière. Les principales métropoles du pays adoptent dans la foulée des plans ambitieux d'amélioration des conditions de sécurité du trafic urbain.

Mais on ne peut compter seulement sur le malheur des célébrités et des politiques pour renverser une tendance effrayante. Les accidents de la route sont aujourd'hui la première cause de mort prématurée pour les personnes de 15 à 29 ans au niveau mondial, bien devant le SIDA, la tuberculose ou la malaria. Toutes tranches d'âge confondues, ils arrivent au huitième rang des causes de décès, en passe de parvenir au cinquième d'ici 2030 si l'évolution actuelle se perpétue. C'est face à l'ampleur du carnage que l'Assemblée Générale des Nations Unies déclare alors en 2010, à l'unanimité, que la décennie 2011-2020 serait une Décennie d'Action pour la Sécurité Routière, la toute première du genre. L'unanimité c'est bien, mais l'action c'est mieux. Toutefois, malgré la floraison des discours pathétiques et des engagements médiatisés, la seconde est encore loin de suivre la première. Au printemps 2015, à mi-chemin de la Décennie, le Secrétaire Général des Nations Unies a finalement décidé de nommer un Envoyé Spécial pour la Sécurité Routière en la personne de Jean Todt, Président de la Fédération Internationale de l'Automobile, espérant sans doute ainsi raviver une démarche trop souvent sujette à l'enlisement administratif. Son engagement ne sera rien de trop pour arracher des progrès durables.

Pourtant, alors que de nombreux hommes et femmes de

bonne volonté s'inquiètent des déséquilibres qui menacent à terme la survie de l'espèce humaine sur la planète, il en est un qui passe trop souvent inaperçu en termes d'accidentologie routière. Les victimes ne sont pas les mêmes d'un continent à l'autre. Dans les pays développés, c'est dans les véhicules que l'on meurt le plus, d'où naturellement l'effort porté sur le port systématique de la ceinture de sécurité, les airbags, les sièges pour jeunes enfants. Mais dans le monde en développement, c'est en marchant sur le bord des routes que l'on risque le plus sa vie. Essayez donc de traverser la rue dans Guatemala City, et vous réaliserez que la signalisation, de toute évidence, y est purement décorative. Et si les piétons comptent pour trente-cinq pour cent des victimes d'accidents au niveau mondial, ce pourcentage atteint entre la moitié et les deux tiers dans les pays pauvres. Bien involontairement, Henry Bliss et Pierre Curie ont fait des millions d'émules. Voilà donc une nouvelle injustice, d'autant plus choquante qu'elle est régressive. Car ce sont les plus vulnérables, les personnes âgées, les handicapés, les plus pauvres, ceux qui marchent sur le bord des routes car ils ne peuvent s'offrir un autre mode de déplacement, qui sont fauchés en masse. Autrement dit, trop souvent les laissés pour compte de la croissance qui permet aux plus chanceux d'acheter des voitures. Les fruits du progrès économique pour les uns, le dommage collatéral pour les autres. Les plus vulnérables, et les enfants. Un enfant meurt sur la route toutes les trois minutes dans notre monde enchanté, le plus souvent en allant ou en revenant de l'école. Plus de quatre-vingt-dix pour cent de ces morts arrivent dans les pays pauvres. Pourquoi y investir en masse dans l'éducation, construire des écoles, former des instituteurs, financer des millions de livres scolaires, si protéger les enfants sur le chemin de l'école demeure inaccessible ?

Pendant la guerre civile libanaise, à Beyrouth, des enfants à qui l'on demandait ce qu'ils craignaient le plus répondaient : « Traverser la rue. ».

Pourtant, quand on veut vraiment, on sait faire. En 1991, en Corée du Sud, 1.566 enfants de moins de quatorze ans étaient tués sur la route, la plupart aux abords des écoles. Le Gouvernement prit alors des mesures drastiques: zones protégées autour des écoles, vitesse limitée à 30 km/h, ralentisseurs, caméras de surveillance, qualification criminelle des accidents impliquant des écoliers dans les zones protégées, doublement des peines et des amendes. Vingt ans plus tard, en 2011, 80 victimes—de trop, bien sûr, mais 80 victimes seulement. Quatre- vingt-quinze pour cent de réduction, alors que dans le même temps la population augmentait de seize pour cent. Pas de doute, quand on veut, on peut.

D'ailleurs, c'est de bonne politique de protéger les enfants, car ils sont le ferment de la croissance future. Mais qui dit croissance, pour un économiste ou un politicien, dit Produit Intérieur Brut, le PIB, icône désincarnée du statisticien professionnel et obsession récurrente du technocrate carriériste. Car dans notre univers cartésien, ce sont des données qui doivent justifier des politiques. Comme a coutume de dire Michael Bloomberg, ancien maire de New York et philanthrope convaincu qui consacre d'importantes ressources à l'amélioration de la sécurité routière à travers le monde, «*Nous croyons en Dieu. Tous les autres, montrez vos chiffres*»[4]. Pour convaincre le politicien de la nécessité d'agir sur la sécurité routière, il est donc tentant d'évoquer l'impact des accidents de la route sur le PIB. Le problème avec cette approche, c'est que de nombreux secteurs y ont désormais recours pour arguer de leur importance pour la performance économique nationale, avec plus ou moins de rigueur dans l'évaluation. Ainsi, la limitation de l'accès à l'énergie coûte X points de PIB, la pauvreté des systèmes d'assainissement coûte Y points de PIB, les insuffisances de la scolarisation dans les villages coûte Z points, et ainsi de suite. Conséquence des inévitables approximations et des doubles comptes entre secteurs, on a tôt fait de démontrer que le PIB entier d'un pays a virtuellement disparu avant même d'en avoir estimé la valeur, conclusion malheureuse qui n'est pas sans affecter sérieusement la crédibilité de l'argumentaire. A ce petit jeu de massacre où bonnes intentions, statistiques imparfaites et causalités hasardeuses se combinent dans l'ambition louable d'améliorer l'existence d'une humanité fragile, l'accidentologie routière contribue en avançant que l'insécurité des transports peut annihiler de deux à sept points de PIB dans les cas les plus extrêmes. Même en tenant compte des incertitudes inhérentes au mode d'évaluation utilisé, il demeure vraisemblable que le poids des accidents de la route, avec son cortège de morts et surtout, de blessés graves et handicapés à vie, affecte significativement la performance économique nationale. Toutefois le bruit de fond autour de ces estimations, comme les généralisations abusives et la concurrence des chiffres entre secteurs, ruinent beaucoup de leur impact auprès des décideurs politiques.

Bien sûr, il n'y a pas que le Produit Intérieur Brut. Depuis 1972, le royaume du Bhoutan organise son développement autour d'un concept différent, le Bonheur National Brut—le BNB. Dans la galaxie des statistiques internationales, le PIB reflète l'état de santé économique tandis que l'Indice de Développement Humain, l'IDH, cherche à suivre le progrès en matière de santé, d'éducation et de niveau de vie des populations. Bienvenue au club des acronymes salvateurs. Le BNB représente en quelque sorte un effort de synthèse entre PIB et IDH, mais sur une base élargie puisqu'il englobe, au nom des valeurs spirituelles du bouddhisme, développement économique équitable, conservation de la culture bhoutanaise, sauvegarde de l'environnement et utilisation durable des ressources, et enfin bonne gouvernance responsable. Décliné en soixante-douze critères, et étendu à 153 pays par les Nations Unies, il révèle ainsi que la Finlande, le Danemark, et la Suisse formeraient le tiercé de tête du BNB mondial, tandis que le Zimbabwe, le Soudan du Sud et l'Afghanistan fermeraient la marche[5].

Or si les accidents de la route coûtent cher en matière de PIB, ils doivent avoir un impact encore bien plus délétère sur le BNB. Si l'on rapproche d'ailleurs le classement du BNB mondial du dernier rapport de l'Organisation Mondiale de la Santé sur la sécurité routière, on constate que les mieux classés du premier figurent parmi les plus performants du second, avec autour de quatre tués pour cent mille habitants, alors que les moins bien notés du BNB affichent des taux de mortalité routière de quatre à dix fois supérieurs.

Cependant, derrière ces estimations, ces évaluations, ces calculs, se cache une question simple. Très simple même, si terriblement simple qu'elle en appelle inévitablement une seconde : faut-il oser une réponse ?

Car la question est : quel est le prix d'une vie humaine ?

Laissant pour un instant de côté l'aspect philosophique du problème, il faut sans doute reconnaître une vertu à cet exercice de quantification, aussi scabreux qu'il puisse paraître de prime abord. En effet, les décideurs politiques et les gouvernements, s'ils font bien leur travail, se doivent d'arbitrer leurs décisions dans le sens de l'optimisation du bien public, qui reviendra souvent à minimiser les risques que la vie en société organisée fait courir à l'ensemble des citoyens. Dans ce contexte, valoriser la vie humaine permet de mettre les bénéfices escomptés d'une décision en regard des coûts qu'elle va générer. C'est bien sûr particulièrement pertinent en matière de santé publique, or comme nous l'avons vu les accidents de la route sont aujourd'hui parmi les plus dangereuses pandémies qui menacent l'humanité.

Economistes et statisticiens ont donc au fil des années tenté d'affiner leurs méthodes de quantification de la valeur d'une vie, sans toutefois toujours échapper au délicat débat ontologique qui sous-tend cette approche. En 1995, Albert Jacquard, généticien et philosophe français, exprime ainsi une critique radicale de cette vision comptable de l'individu, évalué en tout et pour tout comme bilan de ce qu'il coûte et de ce qu'il rapporte à la société qui l'héberge. Il y voit les prémices d'un retour inéluctable à la barbarie, quand la logique économiste conduit à accepter l'élimination programmée des individus moins productifs[6]. En observateur avisé de l'organisation sociale, il remarque aussi que certains choix d'investissements traduisent de manière implicite une hiérarchie dans la valeur de la vie humaine. Ainsi, si les passagers d'un avion courent infiniment moins de risques, au kilomètre parcouru, qu'un cycliste dans les rues de Paris, Albert Jacquard souligne que c'est là la conséquence des importantes dépenses de sécurité assumées par les compagnies et les gouvernements pour le transport aérien, tandis que le cycliste doit se protéger lui-même. Il y voit donc la reconnaissance implicite que pour les décideurs économiques, la vie d'un passager aérien a une valeur très supérieure à celle d'un cycliste.

Ce qui provoque alors l'indignation d'Albert Jacquard est la méthodologie dite du « capital humain ». Cette méthode d'évaluation du prix d'une vie humaine se base principalement sur une analyse des coûts investis dans un individu et de la perte de production consécutive à son décès, en prenant en compte taux d'activité, espérance moyenne de vie et probabilité d'emploi. On réalise le caractère dramatiquement réducteur de cette approche, qui fait bon marché des paramètres non marchands de la vie individuelle et sociale. Cependant la méthodologie désormais privilégiée pour cet exercice délaisse le « capital humain » pour le « consentement à payer des individus ». De manière pratique, il s'agit d'estimer combien quelqu'un est prêt à payer pour ne pas mourir. On imagine intuitivement que cette démarche permet d'englober de manière plus complète les multiples facettes d'une existence humaine. Mais la difficulté réside alors dans la façon d'obtenir une telle évaluation par des méthodes d'investigation et de traitement statistique fiables. L'Organisation pour la Coopération et le Développement Economique a publié en 2012 une revue d'une centaine d'études réalisées dans divers pays sur ce sujet, avec des résultats à la fois révélateurs et intrigants[7].

Révélateurs, car ils mettent en évidence de larges différences dans le consentement à payer face à diverses catégories de risques. Ainsi, pour ce qui nous intéresse ici on constate que la valeur statistique de la vie humaine apparait en moyenne deux fois supérieure pour les risques liés au trafic, comparés aux risques liés à la santé ou à l'environnement. Intrigants, car le spectre de valeurs proposé s'avère extrêmement large, s'étendant de 4.450 USD évaluée au Bangladesh en 2006 jusqu'à plus de 22 millions USD évaluée à Taiwan en 2005 ! Notons au passage que la valeur de la vie humaine ainsi estimée dans le contexte du trafic automobile atteint en moyenne près de 5 millions

USD, mais pour un intervalle allant de 267.000 USD à 17.5 millions USD...

Dès lors que nous savons qu'environ quatre-vingt-dix pour cent des victimes d'accidents de la route se trouvent dans les pays en développement, il n'est pas anodin de constater que ces analyses placent la valeur statistique de la vie dans ces pays dans le bas de cette curieuse échelle. L'OCDE explique ce résultat par le fait que ces valeurs de la vie humaine apparaissent étroitement corrélées au niveau de richesse des pays, estimé en termes de PIB par habitant. Mais alors, ne nous voilà pas revenus, par quelque chemin de traverse, vers le biais du capital humain et de la valeur marchande comme étalon indépassable de référence ?

Faudrait-il en conclure, même seulement sur une base économique et comptable, que la valeur d'une vie humaine demeure dictée par notre lieu de naissance et les péripéties politiques de gouvernements qui sauront plus ou moins bien mettre en valeur les atouts de leurs territoires, à l'exclusion de toute autre considération ? Et quand bien même il faudrait souscrire à cette formule, que dire du caractère statique d'une telle vision, qui évalue le prix d'une vie humaine à l'instant du calcul, donc avec des éléments ponctuels et pertinents à un instant et dans un lieu donné, alors que cette vie peut se déployer dans le temps et dans l'espace à travers des référentiels économiques très différents ? On répondra sans doute que dans l'univers statistique des grands nombres les différences individuelles se compensent pour se noyer dans des moyennes qui demeurent l'outil de calcul le plus objectif. Mais s'il est sans doute raisonnable de déférer au raisonnement mathématique, il n'en est pas moins justifié de s'interroger sur la signification profonde d'une telle analyse du prix de la vie dans un monde qui fait trop souvent bon marché de la valeur des individus.

Cette question est d'ailleurs d'autant plus pertinente qu'elle permet d'éclairer d'un jour nouveau le débat sur les investissements en sécurité routière dans les pays pauvres. En effet, puisque la décision d'investir se prend en règle générale sur la base d'une analyse économique coûts/bénéfices—et ce d'autant plus que des bailleurs de fonds multilatéraux y contribuent— force est de constater qu'à montant égal, il faut démontrer un nombre potentiel de vies à sauver beaucoup plus élevé au Sud qu'au Nord pour justifier un investissement. Ou pour le dire autrement, il faudra beaucoup plus de tués sur la route dans un pays pauvre que dans un pays riche pour justifier le même investissement en sécurité routière. Simplement parce que la valeur de la vie d'un contribuable américain aura été fixée à un niveau cinquante ou cent fois plus élevé que celle d'un paysan tchadien. Pour un Occident portant haut les couleurs de l'humanisme universel, ce devrait être à tout le moins une démangeaison désagréable, à défaut d'une prise de conscience radicale des limites du calcul économique.

Car enfin, il n'est jamais interdit de faire preuve de bon sens, officiellement du moins, même et surtout quand il s'agit d'aider les pays les plus démunis. Assurer le développement sanitaire et social des populations est depuis longtemps reconnu aussi important que leur développement économique, et il fut même une période, vers la fin du siècle dernier, où les institutions multilatérales de développement privilégièrent explicitement les investissements dans la santé et l'éducation au détriment des infrastructures, leur terrain de jeu favori jusque-là. Or on n'attend pas des projets pour la santé ou l'éducation qu'ils affichent une rentabilité économique, mais qu'ils atteignent des standards minima de service pour les populations. Ces standards sont déterminés au niveau international par des institutions globales telles l'Organisation Mondiale de la Santé et les Nations Unies. Les acteurs locaux et les institutions financières internationales savent ainsi combien d'écoles, d'hôpitaux ou de dispensaires il est légitime et nécessaire de construire pour répondre aux besoins des habitants. Les montants à investir sont alors déterminés par rapport aux règlements techniques à satisfaire pour assurer la bonne qualité des constructions.

Pourquoi donc, puisqu'il s'agit aussi d'un problème global de santé publique, ne pas appliquer le même raisonnement à la sécurité routière ? Il existe aujourd'hui des standards de sécurité pour les véhicules, qui peuvent et doivent être rendus universels, et le travail est bien avancé sur des standards de sécurité systématiques pour les infrastructures routières, ajustés en fonction des conditions de trafic et des contraintes géographiques. Ainsi, quand un projet routier sera reconnu économiquement viable sur la base d'un coût d'investissement calculé sur des critères techniques n'incorporant souvent que des conditions de sécurité minimales, les dépenses supplémentaires pour l'amener à un standard global de sécurité routière seraient ajoutées au projet sans obérer pour autant sa rentabilité économique. Procéder autrement reviendrait à escompter que la route en question tue un peu plus de monde pour justifier la dépense supplémentaire, « un peu plus » variant dans des proportions considérables en fonction de la latitude.

LA ROUTE EST DONC dangereuse pour l'homme. Mais voilà qu'elle serait aussi un risque majeur pour la planète. C'est en tout cas ce que disent des organisations sérieuses et bien intentionnées de la société civile, qui s'inquiètent du changement du climat.

Le débat sur le changement climatique s'articule autour de deux concepts, le stock et le flux. Le flux représente le courant d'émissions de gaz à effet de serre émis actuellement par les différents pays, c'est celui dont on parle généralement quand il s'agit de s'entendre sur une limitation, voire une diminution des émissions. Le stock consiste en la somme des gaz à effet de serre déjà accumulés dans l'atmosphère terrestre au cours des décennies passées de l'ère industrielle, disons dans les cent cinquante dernières années. Et c'est l'importance du stock qui rend urgente la limitation du flux, sous peine de conséquences irréversibles —certaines le sont déjà—et gravissimes pour l'avenir de l'humanité.

Mais ce qui rend la négociation difficile, c'est bien que si le flux est aujourd'hui la responsabilité partagée de tous les pays du Nord au Sud, la responsabilité du stock revient pour quatre-vingt-dix-neuf pour cent aux seuls pays développés. Et même si certains pays en développement contribuent désormais pour beaucoup au flux, comme l'Inde et surtout la Chine, dans leur ensemble ils estiment ne pas devoir en quelque sorte payer pour l'insouciance environnementale des pays du Nord tout au long du vingtième siècle.

Car si pratiquement tous les gouvernements responsables reconnaissent aujourd'hui la nécessité de limiter les émissions de gaz à effet de serre, et en particulier de gaz carbonique, la discussion porte sur la manière de répartir le coût de cette limitation. Se basant sur leur responsabilité limitée dans la constitution du stock, les pays pauvres estiment que c'est aux pays riches de faire la plus grande part du chemin. Ils s'inquiètent aussi des conséquences potentiellement négatives pour leur propre croissance de futures règlementations restrictives. En clair, ils vont parfois jusqu'à suspecter leurs partenaires développés d'habiller de bonne conscience climatique ce qui ne serait qu'une nouvelle tentation protectionniste : freiner la compétitivité croissante des pays du Sud en leur imposant des contraintes environnementales dont eux-mêmes se sont gaillardement affranchis lors de leur période de décollage économique.

La Conférence de Paris, fin 2015, a pu montrer à la fois l'engagement comme les limites de la bonne volonté des uns et des autres. Car si l'unanimisme de l'accord final a comblé les commentateurs professionnels et fait grimper les indices d'écoute, il reste difficile d'occulter l'évidence : l'accord de Paris est d'abord, et surtout, le succès de la diplomatie du spectacle, par opposition à la diplomatie du résultat. Puisque la majorité des citoyens ne regardent pas au-delà des gros titres, un gros titre suffit pour faire un gros succès. La réalité, moins médiatique, est aussi moins enthousiasmante. Pour dire les choses simplement, la conclusion de la Conférence de Paris est l'illustration emblématique d'un engagement qui n'engage pas. On a décidé qu'on déciderait. Elimination de toute contrainte chiffrée, report des échéances potentiellement délicates au-delà de la fin des mandats politiques des signataires, emploi du conditionnel comme anesthésiant définitif des grandes ambitions. Puisque selon l'image convenue il s'agissait de se pencher au chevet d'une planète malade, disons qu'en matière de stratégie opératoire on est passé de la greffe du cœur à la bande Velpeau. Pour le reste, l'espoir fera vivre.

Dans ce contexte, les transports en général, et la route en particulier, jouent un rôle considérable. En effet, les émissions de gaz carbonique du secteur des transports comptaient en 2006 pour dix-huit pour cent des émissions mondiales, et c'est de plus le secteur dont les émissions augmentent le plus rapidement. La raison principale en est simple : statistiquement, les activités de transport croissent en moyenne deux fois plus vite que le Produit Intérieur Brut. Par ailleurs, l'intensité énergétique du secteur a plus que doublé depuis 1971, en faisant aujourd'hui un des plus gros consommateurs d'énergie fossile. Et parmi les différents modes de transport, la route à elle seule compte pour soixante-seize pour cent des émissions du secteur[8].

Par ailleurs, il ne fait guère de doute que la situation de la planète soit des plus sérieuses. C'est pour attirer l'attention du public sur sa gravité que le 17 Octobre 2009, le Président des Maldives, Mohamed Nasheed, et treize membres de son gouvernement, en combinaison de plongée, se sont installés autour d'une table à six mètres de profondeur sous la surface de l'Océan Indien pour tenir en langage des signes un Conseil de Ministres extraordinaire. Ce conseil alors adopta une résolution appelant à une action mondiale pour la réduction des émissions de gaz carbonique. Pour les Maldives, archipel corallien comprenant 1.192 îles, c'est une question de survie, car une montée des eaux de seulement un mètre noierait la quasi-totalité du pays. Cependant la conférence de Copenhague qui suivit deux mois plus tard ne dépassa guère le catalogue des bonnes intentions.

Ce n'était pourtant pas la première fois qu'une grandiose réunion internationale de têtes couronnées par la volonté populaire ou l'onction royale était convoquée au chevet d'un monde malade de l'inconscience et de l'avidité de ses habitants. Ainsi lors du Quatrième Sommet de la Terre, le 2 Septembre 2002 à Johannesburg en Afrique du Sud, le président français Jacques Chirac, tout fraîchement réélu quelques mois plus tôt, semblait découvrir l'étendue du désastre quand il déclarait dans un élan touchant de spontanéité tardive « *Notre maison brûle et nous regardons ailleurs.* ». Mais passé le moment d'enthousiasme fédérateur sans nul doute nourri au rythme des libations officielles, chacun rentra chez soi en oubliant d'appeler les pompiers.

Toutefois le changement climatique n'évolue pas au rythme des prises de conscience aléatoires des excellences temporaires et des sauteries médiatiques. Il grignote inexorablement notre cadre de vie, millimètre par millimètre, dixième de degré par dixième de degré. Et si toutes les nations sont menacées, encore une fois les plus pauvres sont les plus vulnérables. On estime aujourd'hui que les pays en développement vont devoir supporter de soixante-quinze à quatre-vingt pour cent des coûts des dommages engendrés par le changement du climat. Même un simple réchauffement de la température du globe de deux degrés centigrades, sans doute le minimum qu'il faut s'attendre à connaître en toute hypothèse, pourrait entraîner une contraction permanente de quatre à cinq pour cent du produit intérieur brut de l'Afrique et de l'Asie du Sud[9]. Beaucoup des avancées réalisées jusqu'ici en matière de réduction de la pauvreté dans ces régions risquent d'être annihilées. Le président des Maldives a bien raison d'être inquiet, car au-delà de son archipel ce sont plus de soixante millions de personnes qui sont menacées par la montée des eaux d'ici la fin du siècle. La moitié de la population mondiale vit désormais dans les villes, une proportion qui atteindra soixante-dix pour cent en 2050, avec quatre-vingt-quinze pour cent de cette croissance dans les pays en développement : or quinze des vingt plus grandes métropoles de la planète, et avec elles environ six cent millions de personnes sont installées dans des zones côtières sous la menace directe de la montée des eaux. Ajoutons à cela que plus de trois millions d'êtres humains supplémentaires risqueront de mourir de faim chaque année, tandis près de deux milliards manqueront sans doute d'eau, et nous aurons de l'avenir de l'humanité une vision qui donne à l'évidence à réfléchir sur nos modes de vie.

Bien sûr de nombreux gouvernements font preuve de bonne volonté. Mais les échéances électorales répétées nourrissent une vue à court terme qui s'accommode mal des exigences au long cours, même quand elles concernent notre survie en tant qu'espèce. Le calendrier de l'univers n'a que faire des stratégies électoralistes, et la chimie planétaire s'embarrasse assez peu des frontières et autres délimitations administratives derrière lesquelles s'abritent encore trop de décideurs politiques soucieux avant tout de prolonger leur carrière. Le souci est certes compréhensible—on manque assurément d'apôtres dans le débat public—et il serait sans doute illusoire d'escompter rencontrer à tous les niveaux des administrations nationales le désintéressement sans bornes que la gravité de la situation de la planète pourrait pourtant bien requérir. A défaut, on se contentera d'un peu de réalisme, d'un bon sens à toute épreuve et de quelques hommes de bonne volonté.

Aux Etats-Unis l'administration démocrate de Barack Obama a courageusement défendu une politique responsable de lutte contre le changement climatique, tant dans les forums internationaux que sur la scène domestique. Mais si l'Etat Fédéral mène les négociations internationales, c'est aux cinquante états américains qu'il revient de mettre en œuvre leur propre politique, d'autant plus que le pays n'a pas signé le Protocole de Kyoto maintenant expiré. Et les Etats-Unis étant un pays de contrastes, il n'est nul besoin de chercher loin pour illustrer les divergences d'appréciation entre juridictions. Si l'on considère ainsi les deux états américains les plus peuplés, la Californie et le Texas, on constate que la Californie, grâce à une politique proactive d'incitations fiscales et une règlementation adroite, maintient ses émissions de dioxyde de carbone par habitant autour de neuf tonnes par an, le plus bas du pays avec l'état de New York, tandis qu'au Texas, terre par excellence du laissez-faire réglementaire, ce chiffre atteint presque le triple avec vingt-six tonnes par an par habitant. A titre de comparaison, la France atteint actuellement un peu moins de six tonnes, l'Union Européenne dans son ensemble un peu plus de sept. Parmi les pays en développement, l'Inde avec moins de deux tonnes et l'Indonésie moins de trois sont des émetteurs en devenir qui vont vite grandir. La Chine atteint déjà plus de sept tonnes par habitant.

Mais les démons de la chasse à l'électeur ont tôt fait de transformer des politiciens en majorité responsables en bateleurs d'estrade prêts à toutes les outrances pour s'attacher un électorat où les extrêmes crient le plus fort. C'est ainsi que parmi la quinzaine de candidats à l'investiture républicaine pour la présidentielle américaine de 2016, c'était à qui démantèlerait le plus vite et le plus loin l'Agence pour la Protection de l'Environnement, jugée coupable de «détruire des emplois». Qu'un environnement sans protection détruise des vies, au sens propre, n'était apparemment pas une martingale électorale cette année, du moins de ce côté du spectre politique. Et bien entendu une des premières décisions de Donald Trump, une fois élu, fut de sortir les USA de l'Accord de Paris. Simultanément l'animateur du programme radiophonique le plus écouté du pays avec quinze millions d'auditeurs hebdomadaires, Rush Limbaugh, une des pires caricatures du conservatisme américain, persistait et signait en répétant à l'envi que le changement climatique n'était qu'un canular inventé par les ennemis de l'Amérique pour ralentir sa croissance et saper sa domination du monde. Par bonheur, suite à un heureux retour du balancier électoral, Joe Biden, nouveau président américain, entreprit de rejoindre l'Accord de Paris dès le premier jour de son mandat.

Toutefois si la question climatique produit parfois des négationnistes pathologiques, elle fabrique aussi des intégristes déterminés. Et c'est alors que l'histoire se complique pour la route. Car comme nous l'avons vu, la route se taille la part du lion dans les émissions du secteur des transports. En conséquence, les financements routiers dans les pays en développement rencontrent désormais l'opprobre des défenseurs au grand cœur de la planète. Or les banques multilatérales de développement, qui ont toujours consacré une part importante de leur portefeuille de prêts aux transports, de l'ordre de vingt pour cent de leur encours global, financent encore des projets routiers pour près de vingt milliards de dollars annuellement. Et deviennent de ce fait la cible de nombreuses organisations non gouvernementales, qui trouvent là une belle occasion de dénoncer derechef la surdité supposée de ces monstres froids face aux clameurs des territoires martyrisés.

Que réclament donc ces critiques ? Principalement, que les institutions financières internationales abandonnent les routes pour le transport urbain. Comme indiqué plus haut, les villes deviennent effectivement un enjeu majeur pour le développement durable, et assurer aux populations urbaines grandissantes une mobilité respectueuse de l'environnement s'avère une indéniable nécessité. Une des formules les plus en vogue, car elle conjugue capacité de transport de masse, coûts d'investissement raisonnables et flexibilité dans le déploiement, se trouve aujourd'hui incarnée par le Bus à Haut Niveau de Service, plus connu sous son appellation anglaise de *Bus Rapid Transit*, ou BRT. Il s'agit en quelque sorte d'un métro sur pneu en site propre, avec passage protégé aux intersections, stations dédiées à niveau pour l'entrée et la sortie des voyageurs, et rythme de desserte soutenu aux heures de pointe. Le BRT a fait une entrée remarquée dans le panorama urbain en 1974 lorsque le maire de Curitiba, au Brésil, Jaime Lerner, choisit de prendre le contrepied du modèle urbain de Brasilia pour planifier la croissance de sa cité. Priorité aux piétons en centre-ville—si jamais vous avez déjà traversé à pied un boulevard de Brasilia vous réalisez immédiatement la beauté du concept—et promotion du transport en commun, mais en renonçant au métro classique alors prôné par les urbanistes en faveur de cet animal inconnu, le BRT, ou la réhabilitation du vieil autobus en néo-métro de surface pour un investissement cinquante fois moindre. Il fallut quelques années pour affiner la formule, mais avec l'introduction des nouvelles stations modernisées en 1991 le système de Curitiba devint sans conteste le premier réseau urbain de BRT au monde. Il allait faire de nombreux émules, au Sud comme au Nord.

L'idée force de Jaime Lerner s'incarne dorénavant dans le concept de 'ville-tortue', où la collectivité urbaine est intégrée sous une carapace virtuelle de services, mobilité, accès, assistance, le tout dans un espace optimisé pour minimiser les déplacements sans contraindre les citoyens. Si la carapace est trop étirée, elle se brise, et la vie de la cité est compromise.

On ne saurait donc minimiser l'intérêt de financer les transports urbains dans les villes du Sud. Mais faut-il pour autant ostraciser les routes, qui relient entre eux les villes et les villages du Sud ? La réponse est simple, mais opposer le bus et la route n'est qu'un nouvel épisode d'un feuilleton climatique devenu le discours à la mode, quand le simplisme devient l'ennemi de la simplicité. Même si elles grandissent vite, les villes n'abritent pas encore toute la population du monde. Et cesser de construire des routes dans les pays pauvres est une réponse absurde à une question sensée.

La mobilité est une condition nécessaire du développement. Pour les populations rurales, elle aide à briser le cycle fermé de la survivance autarcique pour l'ouvrir à l'échange commercial et au développement social, par l'éducation et la santé notamment. Une conséquence inattendue d'un projet de routes rurales au Maroc dans les années 90 fut ainsi un net accroissement de la scolarisation des filles dans toute la région. En effet, jusque-là le manque de routes empêchait de nombreux villages isolés de recevoir du gaz en bouteilles, et chaque jour les filles étaient chargées de ramasser du bois pour la cuisine. Pas question donc pour elles d'aller à l'école, même quand elles étaient accessibles, à pied naturellement. Mais avec les nouvelles routes vint la livraison des bouteilles de gaz, et les filles libérées de la corvée de bois purent se rendre à l'école en beaucoup plus grand nombre. Par ailleurs, en Ethiopie un programme de routes rurales maillant des régions isolées jusqu'alors permit de multiplier par quatre la productivité des terrains agricoles, grâce à la mise en disposition d'engrais d'une part, puis à l'ouverture du marché régional pour la commercialisation de la production d'autre part. Au Pérou la modernisation des routes interurbaines entraîna une croissance des exportations de six pour cent, et des emplois de cinq pour cent.

Cependant les besoins demeurent immenses. Au niveau mondial plus d'un milliard d'hommes et de femmes n'ont toujours pas accès à une route carrossable en toute saison. En Afrique sub-saharienne, la densité moyenne de routes est encore moins du tiers de celle rencontrée dans les autres pays à faibles revenus. On estime que soixante-quinze pour cent des décès lors des accouchements pourraient y être évités si l'accès aux dispensaires et centres de soin était amélioré[10]. Près du tiers des foyers ruraux au Kenya doivent ainsi marcher sur plus de onze kilomètres pour atteindre une route revêtue. Quelle que soit la perspective, sevrer de routes les pays les plus pauvres revient à les asphyxier.

IL FAUT DONC DÉPASSER les antagonismes élémentaires pour apporter des réponses nécessaires et durables aux besoins de mobilité. Ce ne doit pas être transports urbains contre transport interurbains, BRT contre routes, mais une vision d'ensemble des exigences de déplacement au niveau de chaque pays, pour la recherche des meilleures solutions en termes d'intégration sociale et de développement économique. Et dans la plupart des cas, ces solutions combineront modes de transport et infrastructure, maîtrise de l'espace urbain et large couverture du territoire.

En réalité, en termes de sécurité routière comme de changement climatique, ce n'est pas tant la route elle-même qui pose problème que la manière dont on l'utilise. Une approche disciplinée et respectueuse de tous les usagers d'une part, une éthique de déplacement soucieuse de protéger le cadre de vie d'autre part, doivent permettre de réconcilier besoins de mobilité et développement durable sans sacrifier pour autant l'autonomie individuelle. Mais qui dit individu, qui dit autonomie, ne dit pas pour autant égocentrisme et aveuglement au monde. Les pays du Nord ont depuis longtemps perdu le sens de la tribu—hormis peut-être lors des matches de football, et pas pour le meilleur—et ne semblent pas loin de perdre celui de la famille, alors qu'au Sud les solidarités collectives sont encore souvent fortes. Et ce sont justement ces liens solidaires qui sauront faciliter l'adoption de comportements responsables. Mieux exploiter la route en la partageant mieux, et en l'utilisant plus efficacement, voilà le chemin d'une mobilité durable.

Pratiquement, comment traduire ces bonnes intentions ? D'abord en gardant à l'esprit que c'est la mobilité des personnes qui compte, pas celle des véhicules. Cette distinction nous rappellera, dans les années 80, alors que les premiers programmes de fidélisation du transport aérien commençaient à voir le jour, cette plaisanterie qui circulait alors dans le milieu : pendant que la plupart des compagnies faisaient voler des passagers, Air France faisait toujours voler des avions... Les choses ont bien évolué depuis, heureusement pour tout le monde. Sur la route, cela signifie optimiser les moyens de transport en fonction de la demande, c'est-à-dire privilégier les transports en commun long-courriers, les possibilités de co-voiturage, et pour ce qui concerne le fret la consolidation des cargaisons par le biais des coopératives d'achat, de vente et de distribution. Autrement dit, donner la priorité à l'objectif—la mobilité—sur le vecteur—le véhicule. Bien sûr, cela bat en brèche la fonction d'affichage social de la voiture, symbole à peu près universel du niveau de réussite professionnel et du statut ainsi obtenu sur l'échelle des valeurs d'une société contemporaine dominée par la révérence aux possessions visibles. Encore que, depuis déjà quelques temps déjà, les plus jeunes générations américaines apparaissent de moins en moins fascinées par le mythe de la grosse cylindrée et adoptent volontiers des comportements de partage qui augurent peut-être d'un avenir prometteur—au moins sous le ciel de la Californie.

Mais soyons réalistes, cette évolution est encore loin de faire école dans les pays pauvres, où l'acquisition d'une voiture demeure souvent un des premiers objectifs pour les membres des classes moyennes émergentes. On constate ainsi que le nombre de voitures par millier d'habitants croît exponentiellement dès que l'on atteint un seuil d'environ cinq mille US dollars de PIB par habitant. Et si les Etats-Unis tutoient la tête de liste avec plus de 800 véhicules pour mille habitants, la Chine avec 113 et mieux encore l'Inde avec 18 présentent à bien des égards un terrifiant potentiel de croissance. Le lancement par Tata du modèle Nano en 2009, avec un prix de vente de $2.500, n'a rien de particulièrement rassurant dans cette perspective. Et si les pays européens demeurent dans une honnête moyenne, la France affichant par exemple 538 voitures pour mille habitants, d'autres nations développées maîtrisent très efficacement la croissance de leur parc automobile en combinant politique fiscale restrictive et développement agressif de modes de transport alternatifs : Singapour, avec 149 véhicules seulement pour mille habitants, et mieux encore Hong Kong, maintenant province de Chine, avec 77, témoignent de l'efficacité de cette formule. Il faut savoir ainsi que pour acquérir une voiture à Singapour, il faut d'abord acheter un permis d'achat, mis aux enchères en ligne tous les quinze jours et que l'on paie en ce moment environ 75.000 $. Nanti de ce précieux viatique, on peut alors rendre visite au concessionnaire. Cerise sur le gâteau, si l'on peut dire, les voitures neuves acquittent près de cent pour cent de droits de douane. Un modèle de base revient ainsi facilement à 150.000$. On comprend que l'abonnement au métro soit attractif.

La plupart des pays en développement, toutefois, sont encore loin de pouvoir s'offrir une politique singapourienne, faute d'offre de transport alternative. Et dans cette situation, la possession d'une voiture apparait comme l'unique horizon libérateur. Les pays d'Afrique sub- saharienne, hormis l'Afrique du Sud, annoncent aujourd'hui moins de dix voitures pour mille habitants.

Reconnaissant qu'il serait utopique de chercher à convaincre les aspirants automobilistes de tous renoncer à cette ambition, sans doute faut-il contourner l'obstacle en privilégiant une autre approche, découpler la possession d'une voiture de son utilisation. Naturellement la première condition pour que cette stratégie soit crédible consiste en l'existence de modes de mobilité de remplacement, fiables et étendus. En ville, ce seront des réseaux de transports en commun, en milieu rural et interurbain des services de transport flexibles et réguliers. Alors il deviendra possible de prôner une attitude différente envers l'automobile, image de statut social qu'on affiche mais que l'on n'a plus besoin d'utiliser quotidiennement. On pourra ainsi avantageusement garer son véhicule devant chez soi pour le bénéfice du voisinage, mais ne plus s'en servir que le weekend pour promener la famille et se déplacer durant la semaine en transport public ou pour les plus courageux, à bicyclette sur des pistes cyclables sécurisées.

Dans l'intervalle, gardons à l'esprit qu'offrir aux plus démunis de la planète un chemin vers un avenir meilleur dans leur propre pays sera sans doute une condition capitale pour garantir la paix entre les multiples tribus humaines. Alors comment sortir ces hommes et ces femmes de la pauvreté ? Pour tous les habitants des campagnes africaines, asiatiques et latino-américaines, cela commence par une route. Et dans les endroits désolés du monde, il en manque encore beaucoup.

EN CETTE FIN Septembre 2004 le ciel est clair et l'air plutôt doux sur Addis Abeba. La capitale de l'Ethiopie et ses plus de trois millions d'habitants se préparent à la saison sèche. Sur les vastes avenues, souvent bordées d'eucalyptus importés d'Australie au début du vingtième siècle pour fournir du bois de chauffe, le trafic parait encore sage et les dizaines de piétons trouvent leur chemin sans entraves autour des larges carrefours. La ville semble s'étendre dans toutes les directions, comme une hydre domestiquée montant lentement à l'assaut du Mont Entoto, au Nord de la cité. La noria des taxis bleu et blanc circule comme un long ruban discontinu maillant les quartiers de terre ocre aux places bitumées du centre-ville.

Ce jour-là, c'est dans le luxe ostentatoire du Sheraton nouvellement inauguré que le ministre éthiopien des transports a choisi de nous recevoir. Depuis le début de la semaine se tient dans l'enceinte de la Commission Economique des Nations Unies pour l'Afrique la réunion annuelle du Programme de Politique de Transport pour l'Afrique Sub-saharienne, un partenariat qui regroupe depuis près de vingt ans la Banque Mondiale, la Banque Africaine de Développement, l'Union Européenne, les Nations Unies et quelques contributeurs bilatéraux. Au cours du déjeuner on ne manque pas d'évoquer les riches heures du royaume de la reine de Saba, jusqu'à remonter vers l'origine des temps où Lucy, sans doute à l'époque la plus séduisante australopithèque de la région, gambadait autour des sources thermales de Filwoha avant de prendre ses quartiers d'hiver au Musée National. Mais Monsieur le Ministre a surtout une chose en tête, les routes. Et en particulier l'extension du réseau vers les régions les plus isolées du pays, avec lesquelles les communications sont si difficiles. Les économistes, engeance largement répandue dans les institutions de développement, font la moue devant ses projets, car le trafic escompté demeure modeste au regard de l'investissement nécessaire. C'est alors que le ministre redevient tribun. Construire ces routes, nous dit-il, ce n'est pas seulement une exigence sociale, c'est une nécessité politique. Comment voulez-vous, s'exclame-t-il, maintenir la cohésion d'un pays grand comme deux fois la France, peuplé de plus de soixante-dix millions d'âmes dispersées en quatre-vingts ethnies et autant de langages, sans offrir à tous les moyens de venir jusqu'au chef-lieu, jusqu'à la capitale, comment nourrir un sentiment d'appartenance nationale dans des communautés coupées du monde, à la merci du moindre caprice climatique, sans routes ? Comment, simplement, permettre à tous de participer aux élections à travers le pays tout entier, sans routes ?

Et le ministre de conclure :

- Sans routes, pas de démocratie.

---

1. *Global Status Report on Road Safety*, Organisation Mondiale de la Santé, 2018.
2. *ICAO Safety Report*, Organisation de l'Aviation Civile Internationale, 2018.
3. *World Report on Road Traffic Injury Prevention*, Banque Mondiale/OMS, 2004
4. *"In God we trust. Everyone else, bring data."*
5. *World Happiness Report* 2020, Nations Unies.

6. *J'accuse l'économie triomphante*, Albert Jacquard, Ed. Calmann-Lévy 1995.
7. *The value of statistical life : a meta-analysis*, OECD 2012.
8. *Turning the Right Corner: Ensuring Development through a Low-Carbon Transport Sector*, Banque Mondiale, 2013
9. *World Development Report 2010 : Development and Climate Change*, Banque Mondiale, 2010.
10. *Maternal and Child Mortality Development Goals: What can the transport sector do ?* Banque Mondiale, 2006

LA THÉORIE DU COUPE-COUPE

Harvey Lavan Cliburn était Texan. Il fut aussi, de l'avis général, un des pianistes les plus doués de sa génération. A 23 ans, bien qu'ayant déjà remporté plusieurs compétitions nationales aux Etats-Unis sous le nom de Van Cliburn, sa carrière stagnait et les dettes s'accumulaient. C'est alors que son professeur de piano de la Julliard School de New York, d'origine russe, l'encouragea à se présenter à la première édition du Concours International de Piano Tchaikovsky organisé à Moscou. La guerre froide dominait à cette époque les relations internationales, et l'Union Soviétique, forte du succès du vol spatial du premier Spoutnik en Octobre 1957, avait décidé l'organisation de cette compétition pour démontrer la supériorité culturelle du pays après avoir établi sa supériorité technologique. La candidature américaine de Van Cliburn ne se présentait donc pas sous les meilleurs auspices.

Pourtant le 13 Avril 1958 son interprétation du concerto No 1 de Tchaikovsky et du concerto No 3 de Rachmaninoff mit littéralement le public en transes. Après une *standing ovation* de huit minutes, il fallut bien que les juges jugeassent. Mais si juger était une chose, annoncer le jugement en était une autre. Alors les juges, qu'on imagine tétanisés, s'en furent demander au chef, le secrétaire général du parti communiste de l'Union Soviétique, Nikita Khrouchtchev, l'autorisation de donner le prix à l'Américain. «Est-il le meilleur ?» aurait demandé le maître de toutes les Russies. «Alors donnez-lui le prix !». C'est ainsi que Van Cliburn revint à New York pour y être célébré lors d'une grande parade, première du genre pour un musicien classique. Le magazine *Time* titra: "Le Texan qui a conquis la Russie".

Ce contre-exemple, rare de son espèce, illustre à quel point le contexte de l'affrontement stratégique entre l'Ouest et l'Est domine alors la politique internationale. Bien évidemment, ce que l'on appelait alors le tiers-monde allait aussi devenir un terrain d'exercice privilégié pour ses protagonistes.

Quand éclate la Seconde Guerre Mondiale, nombre de pays aujourd'hui indépendants font encore partie d'empires coloniaux qui dessinent la carte du monde aux couleurs de la domination économique occidentale, conséquence de politiques d'expansion territoriale où le messianisme civilisateur s'accompagne sans état d'âme de l'exploitation bien comprise des ressources naturelles des territoires colonisés. Bien sûr, le développement des infrastructures économiques et sociales, routes, écoles, hôpitaux, va souvent de pair avec la mise en valeur des gisements productifs, mais il est sans doute raisonnable d'estimer que l'éducation à la conscience politique des populations locales ne fait pas alors partie du viatique du parfait colon, aussi bien intentionné soit-il. Cependant la guerre va durablement ébranler l'ancien équilibre et fissurer les certitudes des puissances historiques.

Que pouvaient donc entendre les leaders d'opinion des colonies de l'ancien monde derrière le fracas mortifère de la convulsion généralisée qui englobait alors la planète ? Ont-ils eu vent, par exemple, de la rencontre, sur un navire de guerre américain, le USS Augusta, entre le Président des Etats-Unis Franklin Roosevelt et le Premier Ministre britannique Winston Churchill, le 14 Août 1941 ? Ont-ils reçu l'écho de cette déclaration que l'on appellera la Charte de l'Atlantique, et qui spécifie dans son troisième paragraphe que les deux pays signataires « *respectent le droit qu'ont tous les peuples de choisir la forme de Gouvernement sous laquelle ils entendent vivre; et désirent voir restituer, à ceux qui en ont été privés par la force, leurs droits souverains* » ? Deux ans et demi plus tard, ce sont les peuples de l'empire français qui purent prendre connaissance du discours prononcé par le Général de Gaulle à Brazzaville, lors d'une conférence regroupant les représentants des territoires français d'Afrique, le 30 Janvier 1944. Or c'est dans ce discours que l'on peut lire « *il n'y aurait aucun progrès qui soit un progrès, si les hommes, sur leur terre natale, n'en profitaient pas moralement et matériellement, s'ils ne pouvaient s'élever peu à peu jusqu'au niveau où ils seront capables de participer chez eux à la gestion de leurs propres affaires.* » Même si le discours se termine sur la réaffirmation de l'intégration des territoires de l'Empire dans la communauté nationale française, le génie de l'auto-détermination a déjà commencé à s'échapper de la lampe d'Aladin.

Ainsi par exemple, dès la fin de la guerre, à Antananarivo, les élites malgaches s'approprient les principes de liberté exprimée dans la Charte de l'Atlantique. Et si, en fondant à Paris en 1946 le Mouvement Démocratique de la Rénovation Malgache (MRDM), trois députés de la Grande Ile à l'Assemblée Constituante française recherchent d'abord la pleine participation des Malgaches à la vie politique nationale, en accord avec le message de la Conférence de Brazzaville, certains voient déjà plus loin et commencent à former des sociétés secrètes en vue de conquérir l'indépendance. Ce sera le prélude à l'un des épisodes les plus douloureux de la décolonisation dans les territoires français d'outre-mer, et l'illustration tragique du décalage dans les esprits entre les grands principes et la réalité têtue de la condition humaine. Le messianisme civilisateur a parfois des angles morts.

Car après que l'île eût été remise aux représentants de la France Libre par les Anglais en 1942, les pouvoirs locaux, maladroitement, développèrent le ressentiment de la population en usant et abusant du pouvoir de réquisition et en confinant rigoureusement les habitants dans le statut de *l'indigénat*, admirable invention du pays des droits de l'homme, datant de 1881, qui faisait des colonisés des *sujets* de l'Empire, privés de tout droits politiques comme de nombre de libertés fondamentales. C'est ainsi que les *citoyens* français, c'est-à-dire les colons, pouvaient contraindre les *sujets* au travail forcé, pudiquement rebaptisé en 1924 *«travaux d'intérêt général»*. Comme quoi la sémantique sait parfois venir au secours de la mauvaise conscience. Or la côte orientale de Madagascar, qui compte alors nombre de plantations de vanille et de clous de girofle, a particulièrement souffert de ce régime. Et le 29 Mars 1947, quelques centaines d'hommes en eurent assez de souffrir.

Ce jour-là, simplement armés de sagaies et de coupe-coupes, des groupes d'insurgés attaquent des petites villes côtières et des plantations, s'en prenant aussi bien aux colons qu'aux Malgaches travaillant pour eux. Malgré les appels au calme du Mouvement Démocratique de la Rénovation Malgache, qui dénonce l'insurrection, les troubles s'étendent à toute la côte Est du pays. Le gouvernement réplique en faisant monter en ligne des troupes coloniales, jusqu'à 18.000 hommes, en majorité des tirailleurs marocains et sénégalais. Amère ironie, c'est donc à d'autres *sujets* colonisés que revient la tâche de mettre au pas les *sujets* insurgés de Madagascar. Il faudra plus d'un an pour *«pacifier»*, selon l'euphémisme de rigueur, tout le territoire de l'île. Avec à la clé quelques dérapages, dont l'atroce fusillade de Moramanga, le 6 Mai 1947, quand un officier affolé fait mitrailler plus d'une centaine de militants du MRDM emprisonnés dans des wagons. Pour faire bon poids, les survivants seront exécutés le 8 Mai, sans autre forme de procès. Albert Camus écrira dans Combat « *Nous faisons à Madagascar ce que nous avons reproché aux Allemands.* » Au total on dénombrera plus de 10.000 tués dans les affrontements, plus probablement 30.000 autres victimes de maladie et de malnutrition dans les zones tenues par les insurgés.

Le souvenir de l'insurrection de 1947 et de sa répression brutale demeure vif à Madagascar, car même si de nouvelles générations ont pris le relais, la mémoire collective conserve les stigmates ineffaçables de cette année terrible. Les cyclones ont beau balayer presque chaque année la côte orientale de l'île, le sang ne sèche pas si vite sous les flamboyants. En 1951, François Mitterrand, alors Ministre de la France d'Outre-Mer, ne manquera pas l'occasion d'affirmer sa prescience de la perspective historique en déclarant que « *l'avenir de Madagascar est indéfectiblement lié à la République Française* ». La Grande Ile accède à l'indépendance le 26 Juin 1960.

L'ÉPISODE MALGACHE, avec son cortège d'atrocités, demeurait en quelque sorte dans la logique de l'histoire ancienne, le colonisé se révoltant contre le colonisateur. Mais les nouvelles puissances globales émergeant de la Seconde Guerre Mondiale, les Etats-Unis et l'Union Soviétique, allaient rapidement peser sur la fissuration des empires historiques et ajouter une dimension politique supplémentaire à la dynamique de l'affranchissement du pouvoir colonial. Surtout, elles allaient établir un contexte d'affrontement permanent où les nouvelles nations indépendantes se trouveraient souvent l'objet d'attentions non toujours dénuées d'arrière-pensées géostratégiques.

Pour des raisons différentes, les USA comme l'URSS sont alors activement partisans de la décolonisation. Pour les Etats-Unis, ancien pays colonisé, la logique historique conduit à soutenir les démarches vers l'indépendance, tandis que la logique commerciale y voit l'opportunité d'ouvrir de nouveaux marchés. Pour l'Union Soviétique, la domination des nations coloniales sur les territoires colonisés n'est qu'une extension de la lutte des classes à l'échelle internationale, la colonisation elle-même n'étant qu'un avatar du capitalisme marchand. Simultanément, les positions idéologiques respectives se cristallisent autour de perspectives irrémédiablement divergentes. En Septembre 1947, c'est d'abord l'idéologue officiel du parti communiste de l'Union Soviétique, Andrei Jdanov, qui décrète la division du globe en deux camps irréconciliables, tirant en quelque sorte la première salve de la guerre froide. De son côté, Harry Truman, Président des Etats-Unis, énonce la doctrine de l'endiguement de la poussée communiste par le biais, entre autres, de l'aide économique. Le décor est dès lors planté et la lutte d'influences tous azimuts peut commencer.

L'histoire du Congo se révèle particulièrement instructive à cet égard. Immense territoire aux nombreuses richesses minérales, le royaume du Congo, qui apparait dès le XIVème siècle, allait au cours de son histoire engendrer de multiples convoitises. Sans remonter aussi loin, c'est en 1876 que le roi Léopold II de Belgique réunit à Bruxelles la fine fleur des explorateurs européens afin « *de discuter et de préciser en commun les voies à suivre, les moyens à employer pour planter définitivement l'étendard de la civilisation sur le sol de l'Afrique centrale* ». Simultanément ou presque, les explorations de Henry Stanley le long du fleuve Congo et de Savorgnan de Brazza autour de ses affluents en rive droite ont mis en lumière l'impressionnant potentiel de ces régions. Ce fut suffisant pour pousser les puissances du moment à s'entendre sur le partage du gâteau. Ainsi le 28 Février 1885, l'acte final de la Conférence de Berlin, convoquée par le Chancelier allemand Otto von Bismarck, traça les limites du bassin du Congo et détermina les frontières du Congo français et du Congo belge, qui resta propriété privée du roi Léopold II jusqu'en 1908.

Le Congo belge devient indépendant le 30 Juin 1960. Ce qu'il en advint ensuite peut se voir comme une illustration grandeur nature des luttes d'intérêts et du jeu d'alliances qu'elles engendrèrent autour de l'exploitation des richesses du pays. Bien qu'il ne fût au pouvoir que très peu de temps, un homme incarna jusqu'à l'extrême les tensions de cette période, et en vint à servir de référence, puis de marqueur politique pendant les années de guerre froide sur le continent africain. Cet homme, c'est Patrice Lumumba.

On connait l'histoire. L'activisme nationaliste, la prison, l'indépendance arrachée à la Belgique, le premier élu Chef de Gouvernement de la République Démocratique du Congo en Juin 1960, la sécession du Katanga en Juillet, le limogeage en Septembre, l'arrestation en Décembre, la remise aux forces sécessionnistes et l'exécution le 17 Janvier 1961. Puis le corps déterré, dépecé, dissous dans l'acide sulfurique, les restes ultimes brûlés.

De la prestation de serment à l'équarrissage en sept mois.

Derrière le passage éclair de Patrice Lumumba à la tête du Congo indépendant, c'est un résumé saisissant de l'état des forces en présence dans le monde en développement, des objectifs et des stratégies, des intentions déclarées et des sous-entendus pervers, que l'on peut déchiffrer comme un code de conduite à l'usage des anciens pouvoirs coloniaux comme des nouvelles puissances impériales. Un code qui va gouverner les relations entre ces puissances, ces pouvoirs, et les gouvernements du tiers-monde jusqu'à la chute de l'URSS.

En l'occurrence, le Congo en 1960 est un bouillon de culture où l'on trouve tout à la fois un pouvoir colonial sur le repli déguisant une retraite forcée en noble offrande d'émancipation, une force indépendantiste sentant le vent de l'Histoire et impatiente d'exercer des droits qui flottent au gré des discours depuis vingt ans, des compagnies minières inquiètes de voir se dérober le tas d'or sur lequel elles prospèrent, un état belge soucieux de préserver son accès privilégié à des ressources stratégiques, une Organisation des Nations Unies timide à l'idée de devoir imposer sur le terrain un droit des peuples plus aisé à proclamer depuis New York, et à l'horizon, en point d'orgue, une Amérique traumatisée par la révolution cubaine. Donnez alors le premier rôle à un leader charismatique de 35 ans, qui ne mâche pas ses mots et jette à la face du roi Baudouin, le 30 Juin 1960, les mortifications endurées durant un siècle d'esclavage en promettant de montrer au monde ce que l'homme noir saura faire de sa liberté neuve, et sentez alors le sol trembler dans les chancelleries de Bruxelles à Washington.

Les chancelleries tremblent, mais sur place les colons réagissent. En entretenant au Katanga les ambitions d'un leader politique local, Moise Tshombe, les grandes compagnies minières avaient préparé le terrain. Le discours sans concession de Lumumba les effraie, mais Tshombe sera leur homme. En faisant sécession le 11 Juillet 1960, Tshombe sait qu'il peut compter sur la Belgique comme la Belgique compte sur lui. L'administration de son nouvel état est ainsi mise en place avec le soutien avéré des autorités civiles et militaires belges. Face à cette collusion, Lumumba fait ce que le jeune chef de gouvernement d'un jeune état croit devoir faire de mieux, c'est-à-dire appeler à la rescousse l'institution qui par excellence parraine et promeut l'indépendance des nations nouvelles, l'ONU. Notons qu'à ce moment le Congo n'est pas encore devenu un enjeu de la guerre froide : le soubresaut post-colonial qui secoue le pays peut sans doute être maîtrisé sans grand dommage si la communauté internationale, fidèle à ses engagements onusiens d'immédiat après-guerre, intervient rapidement pour faire entendre raison au gouvernement belge et aide à négocier une transition raisonnable sur la gestion et l'exploitation des ressources katangaises, qui sont au cœur du conflit. Mais comme il y a loin de la coupe aux lèvres, il y a loin de New York à Léopoldville. Et si des Casques Bleus arrivent, si les Nations Unies font mine d'intervenir, c'est avec une condescendance patriarcale pour le Premier Ministre trublion qui fait du bruit dans la cour tandis que les grandes personnes jouent au bridge à l'étage.

Les troupes belges ne partiront pas. Devant l'inertie des institutions censées le soutenir, Patrice Lumumba se tourne alors vers le dernier partenaire possible, l'Union Soviétique, et scelle alors son destin. Quoiqu'en pensent à cette époque les chancelleries occidentales, si Lumumba a sans doute des penchants pour le communisme, il n'est pas Fidel Castro. Il n'est même pas évident qu'il soit un marxiste convaincu. Mais son appel à Moscou suffit pour que les préjugés se cristallisent, et qu'une Amérique obsédée par le syndrome cubain y voit les prémisses d'une première offensive communiste en terre africaine. Dès lors pour la Maison Blanche, relayée par Bruxelles qui tremble pour ses mines congolaises, la décision s'impose : Lumumba doit disparaître. A Léopoldville, le Président Kasavubu, semble-t-il plus inquiet de l'activisme de son Premier Ministre que de la sécession katangaise, et probablement sous intense pression diplomatique, renvoie Lumumba en Septembre. Après une tentative vite avortée d'établir un gouvernement parallèle dans son fief de Stanleyville, Lumumba est capturé par les troupes gouvernementales et remis aux sécessionnistes katangais. Ultime illustration tragique des collusions à l'œuvre, ce sont deux officiers de police belges qui commandent le peloton qui fusille Lumumba et deux de ses alliés.

Cet épisode séminal allait durablement marquer la scène africaine après les indépendances, et au-delà répercuter son onde de choc parmi l'ensemble des jeunes nations. La conférence de Bandoeng, en 1955, avait beau avoir jeté les bases du Mouvement des Non-Alignés, ses nouveaux membres allaient tous plus ou moins devenir des terrains de chasse où les deux blocs, occidental et soviétique, se disputeraient pendant les trente années suivantes les préférences des élites politiques locales.

Mais le Congo n'avait pas encore fini d'établir des précédents dans le grand théâtre des intérêts croisés à l'œuvre dans l'Afrique Sub-Saharienne. Après un court passage à la tête du gouvernement de Moise Tshombe, rapidement déconsidéré parmi ses pairs comme un dirigeant par trop servile envers ses protecteurs européens, le général Mobutu ramasse alors la mise en promouvant le retour aux sources authentiques du patrimoine national. La République Démocratique du Congo devient alors le Zaire, Léopoldville devient Kinshasa, et le Président, désormais Mobutu Sese Seko, l'homme à la tunique de panthère qui saura tenir la dragée haute à tous les prétendants à l'exploitation des richesses domestiques. En fait, ayant parfaitement intégré les leçons de l'épisode Lumumba, Mobutu va passer maître dans l'exercice consistant à extraire un maximum de soutien de ses partenaires extérieurs tout en réussissant à éluder à répétition les réformes structurelles censées conditionner ce soutien. Et ce, en utilisant, en sourdine mais de manière parfaitement intelligible, un argument massue—un argument coupe-coupe: si vous coupez votre assistance, je coupe les relations et me tourne vers le grand frère soviétique qui piétine d'envie de me venir en aide.

Ce sous-entendu permanent allait influencer pendant trois décennies les politiques d'assistance économique du bloc occidental envers les pays en développement, y compris naturellement les activités, théoriquement apolitiques, des institutions financières internationales, parmi lesquelles les banques multilatérales de développement. Bien sûr on allait toujours, avec le plus grand sérieux, conduire de multiples études économiques établissant le bien-fondé de non moins multiples investissements dans les infrastructures économiques et sociales de ces pays, mais derrière l'objectivité mathématique et l'analyse multicritères la décision de prêter ou d'investir demeurera largement influencée par la nécessité de maintenir les pays bénéficiaires *du bon côté*. Quant à l'impact de ces prêts sur les populations, disons simplement qu'il fut très variable au gré des politiques locales et de la bonne volonté des élites dirigeantes. Or celles-ci avaient compris très vite tout le parti à tirer de la lutte d'influences dont leurs pays étaient l'objet, et dans une période de forte croissance à l'Ouest c'est par dizaines de millions de dollars que l'aide économique se déversait dans leurs coffres. Et comme le suivi des résultats sur le terrain, officiellement capital mais pratiquement secondaire au vu des exigences politiques des pays donateurs ou actionnaires majoritaires des banques multilatérales, disparaissait derrière les demandes sans cesse renouvelées de prêts ou de dons supplémentaires, on assista à des phénomènes de transferts massifs de ressources sans toujours pouvoir dire avec certitude dans quelles poches ils atterrissaient. La bonne gouvernance était déjà une denrée périssable, mais qui se décomposait sans odeur à l'abri de la bonne conscience géopolitique. Pour les gouvernements à l'Ouest, la facture attendrait. Pour les peuples, on payait comptant. Ainsi, pour en revenir au Zaïre, aujourd'hui redevenu République Démocratique du Congo, c'est par milliards de dollars que l'aide occidentale se déversa des années durant sur le régime du général Mobutu. Toutefois, l'observation dépassionnée des statistiques révèle que si le PNB par habitant du Zaïre se montait à 463 $ en 1981, il n'atteignait plus que 442 $ en 2014, après avoir chuté jusqu'à 267 $ en 1990, à la veille de la chute du mur de Berlin. Simultanément, avant la chute du régime en 1997 il se murmurait dans la communauté des acteurs du développement que les avoirs sur des comptes à l'étranger de la famille Mobutu équivalaient à peu près à la dette extérieure du pays. Le droit des peuples à disposer d'eux-mêmes devient ainsi parfois le droit des dictateurs à disposer de leur peuple.

Car l'URSS aussi avait compris tout le parti à tirer de la chute de Patrice Lumumba. Quelles qu'aient été ses convictions profondes, sa mort en faisait une icône que la propagande soviétique allait instrumentaliser sur une grande échelle. Il avait été la victime de l'impérialisme colonisateur, son nom allait devenir le symbole de l'émancipation des peuples encore asservis et de la fraternité internationaliste. L'Université de l'Amitié entre les Peuples avait été créée en Février 1960 sur décision du Gouvernement de l'Union Soviétique. Le 22 Février 1961, un mois après son assassinat, elle prenait le nom d'Université Lumumba. Fidèle à sa mission d'origine, mais désormais dotée d'un parrainage frappé du sceau tragique de l'Histoire, elle allait devenir l'instrument privilégié du prosélytisme communiste dans les pays en développement.

Conçue d'abord comme un instrument politique, l'Université Lumumba allait disposer dès sa création d'un cadre de gestion particulier : son premier vice-recteur était major-général du KGB et nombre d'enseignants venaient directement des services de renseignement. Formant au frais de l'URSS des générations de cadres dirigeants, ingénieurs, avocats, universitaires, l'université contribue ainsi à l'effort de récupération des pays non-alignés et des nations venant d'accéder à l'indépendance. Il s'agit de diffuser l'influence communiste et de former les futurs noyaux prosoviétiques qui feraient germer la révolution mondiale. C'est un effort de long terme qui illustre la stratégie hégémonique de Moscou, subvertir les gouvernements des nations jeunes en peuplant leurs administrations de convertis à l'idéal révolutionnaire qui finiront par entraîner leurs pays dans l'orbite soviétique. Quelques-uns de ces convertis prendront d'ailleurs ces consignes au pied de la lettre et du fusil, tel Illich Ramirez Sanchez, alias Carlos, diplômé de Lumumba en terrorisme international. Il y aura certes des gradués plus politiques, ainsi José Eduardo Dos Santos, qui allait jouer un rôle décisif dans l'avenir de l'Angola.

Si d'ailleurs l'histoire de l'Angola se confond d'abord avec celle de la traite négrière mise en place par le Portugal depuis les villes côtières de Luanda et Benguela pour alimenter en main d'œuvre sa colonie du Brésil, la saga de sa lutte pour l'indépendance et de la guerre civile qui s'ensuivit fournit sans doute un des plus dramatiques exemples de l'affrontement Est-Ouest par pays interposés. C'est en Février 1961 que les hostilités commencent. Alors que le mouvement des indépendances africaines se répand à travers le continent durant l'année 1960, incluant le Congo voisin, le régime du Président Salazar se refuse à toute discussion remettant en cause le statut de province portugaise de l'Angola. Or un mouvement indépendantiste d'obédience marxiste, le Mouvement Populaire de Libération de l'Angola (MPLA), a vu le jour en 1956 et canalise déjà l'impatience des citadins. Le 4 Février 1960, des membres du MPLA attaquent la prison de Luanda et massacrent deux mille colons portugais. Ce sera le début d'une guerre d'indépendance qui allait durer quinze ans.

Dos Santos rejoint le MPLA en 1961 au début du conflit, à l'âge de dix-neuf ans. C'est le mouvement qui décide de l'envoyer étudier à Moscou, à l'Université Lumumba. Il reviendra en Angola en 1970 après avoir mené des études d'ingénieur. Il gravit alors rapidement les échelons du parti. Mais si le MPLA fut le premier à lancer les hostilités, il n'est plus alors le seul parti à porter les couleurs de l'Angola indépendant. Dès 1962 un deuxième mouvement, le Front National pour la Libération de l'Angola (FNLA) s'était constitué, suivi en 1966 de l'Union Nationale pour l'Indépendance Totale de l'Angola (UNITA). Or si les trois mouvements menèrent de front, tant bien que mal, la lutte pour l'indépendance, il en fut tout autrement lorsqu'il fallut s'entendre pour gouverner le pays après le départ des Portugais.

Car l'Histoire alla très vite. Après la Révolution des Œillets du printemps 1974, le Portugal entreprit rapidement le processus d'accession à l'indépendance de l'Angola. Mais le 11 Novembre 1975, c'est le MPLA seul qui prend le pouvoir à Luanda. Malgré multiples accords et négociations, c'est au son du canon dans les faubourgs de la capitale que le pays inaugure sa souveraineté nouvelle. Sans chercher à décrire en détail la mosaïque d'alliances et contre-alliances qui allait sous-tendre vingt-sept années de guerre civile, et impliquer pays riverains comme alliés lointains, on peut en résumer la philosophie comme un affrontement par procuration entre l'Union Soviétique, soutien direct du MPLA, et les Etats-Unis, défenseurs engagés de l'UNITA. Avec en prime quelques fioritures militaires de terrain sous la forme de troupes cubaines aux côtés du MPLA, et de contingents Sud-Africains en renfort de l'UNITA. De cessez-le-feu bafoués en trêves rompues, les combats feront au total près de cinq cent mille morts avant de prendre fin en 2002 après la mort du chef de l'UNITA, Jonas Savimbi, abattu par les troupes du MPLA.

Ironie du sort, si le MPLA sort vainqueur ultime du conflit, il aura abandonné en route ses oripeaux marxistes. En effet, José Eduardo Dos Santos, devenu Président de l'Angola en 1979 à la mort du chef historique du MPLA Agostinho Neto, les reniera en bloc lors de la négociation d'un éphémère accord de paix avec l'UNITA en 1991, reniement qu'une révision constitutionnelle entérinera définitivement l'année suivante. Ainsi, si l'on doit constater que les armes auront finalement permis la victoire du porte-drapeau de l'URSS, c'est l'idéologie du protégé américain qui finit par prendre racine au Sud du Congo. Les professeurs de Dos Santos à Lumumba, à vingt ans de distance, ont dû en manger leur chapka.

Sans tous conduire aux mêmes extrémités meurtrières qu'en Angola, les exemples de la lutte d'influence Est-Ouest durant la guerre froide sur le sol africain sont multiples. Tous les coups étant permis, ils prennent parfois des formes inattendues, voire cocasses. Vers le milieu des années quatre-vingt, le régime du Président Ratsiraka à Madagascar cultive l'amitié soviétique. Malgré les déboires de la politique d'industrialisation lourde, l'ambassade d'URSS multiplie les petits gestes qui ne coûtent pas grand-chose mais font parler beaucoup. A Madagascar, on aime le football. Qu'à cela ne tienne, l'Ambassadeur en personne annonce qu'il va remettre de la part de son pays un lot de ballons de foot à l'équipe nationale. Et le jour dit, toute la presse est là pour immortaliser l'évènement. Le lendemain, l'Ambassadeur fait la une, photo du filet de douze ballons à l'appui. Les commentaires sont dithyrambiques. Or il se trouve que cette même semaine se tenait à Antananarivo la commission mixte franco-malgache où se discutait le montant des aides françaises au développement de l'économie nationale.

Bien en-dessous de la photo souriante de l'Ambassadeur soviétique et de ses ballons, en bas de page, on a donc pu lire un entrefilet qui disait en substance « *La France offre une centaine de millions de Francs pour le développement de Madagascar. La France pourrait mieux faire.* » Il y a des fautes que l'on n'a jamais fini de se faire pardonner.

C'EST une place au centre de la ville, la Place du Souvenir. Un grand rectangle, des voitures garées dans une joyeuse anarchie, des bancs, des chaises, quelques parasols rudimentaires. Des gens assis, ou qui déambulent sans hâte sous le soleil dominateur, mais tempéré par l'altitude, de ce début d'après-midi. Au milieu de la place, capturant le regard du visiteur, un monument incongru autant qu'imposant occupe tout l'espace. Erigé sur un socle en brique lui-même posé sur un quadrilatère en béton, un avion de chasse, un Mig-27, semble figé en plein vol. Pour seule légende, une date en gros caractères blancs se détache sur le fond ocre du socle : 1988. Au-delà de la place, la vie trépide, les charrettes tirées par des ânes disputant la voirie aux 4x4 rutilants. Au milieu du trafic, chèvres et boucs se mêlent au flot des piétons, où hommes d'affaires et commerçants croisent des femmes aux caftans multicolores. C'est une ville qui marche, qui vibre, qui respire. A un détail près : Hargeisa est la capitale d'un pays qui n'existe pas.

Ce pays, c'est le Somaliland, ce morceau nord-ouest de la Somalie qui fit sécession et proclama unilatéralement son indépendance à la chute de la dictature de Mohamed Syad Barré en 1991. Cet autocrate, ancien inspecteur de police devenu commandant en chef de l'armée somalienne, avait pris le pouvoir lors d'un coup d'état en 1969. En dictateur pragmatique, il allait exploiter au mieux les ambitions africaines des deux grandes puissances concurrentes de l'époque. Dès l'année suivante, il proclame comme doctrine d'état le *socialisme scientifique*, énième avatar tropical de l'utopie marxiste. S'ensuit la litanie des mesures habituelles corsetant l'économie, nationalisations, fixation autoritaire des prix, embrigadement de l'agriculture dans des coopératives d'état, couronnées par le lancement d'un parti unique illustrant l'inévitable unanimisme des populations enivrées par le parfum libérateur du socialisme révolutionnaire— puisque c'est son nom. Un si bon élève se devait de s'attirer les grâces du parrain en chef de la révolution mondiale, et l'URSS signe ainsi avec la Somalie en 1974 un accord de coopération sur vingt ans. Les conseillers soviétiques débarquent en nombre, ainsi d'ailleurs que l'Armée Rouge qui se met en quête de faire du port de Berbera, au Nord du pays, une base navale, et pourquoi pas aussi, ce qui va inquiéter les Etats-Unis, une base de missiles.

Mais Syad Barré a des vues sur l'Ogaden éthiopien et attaque son voisin de l'ouest en 1977. Problème pour Moscou, car un autre porte-étendard du marxisme africain, Mengistu Haile Mariam, est au pouvoir à Addis-Abeba depuis 1974. Il fallait donc choisir, et Moscou choisit Mariam contre Barré. L'armée somalienne perd quelque huit mille hommes et doit battre en retraite. Dans la foulée la Somalie dénonce l'accord de 1974 et expulse les conseillers soviétiques. Berbera, en quelque sorte, revient sur le marché. Et puisque, comme chacun sait, les ennemis de nos ennemis sont nos amis, Syad Barré troque la rectitude idéologique contre le pragmatisme assumé et se rapproche des Etats-Unis, avec lesquels il signe en 1980 un accord de coopération militaire de dix ans. Les Américains récupèrent donc Berbera, et pour faire bonne mesure Barré offre aussi des droits d'atterrissage à Mogadiscio à l'Afrique du Sud, dont la compagnie est alors largement boycottée en Afrique, contre de l'assistance militaire. Le mouvement de bascule des alliances pourrait difficilement s'avérer plus radical. Mais après tout la Somalie a peu à offrir, si ce n'est sa position géographique, et Mohamed Syad Barré aura su la négocier tour à tour auprès d'ennemis irréductibles pour en tirer le meilleur parti, et surtout conserver le pouvoir.

L'atout géostratégique de la Somalie, toutefois, c'est le Nord, c'est le port de Berbera. Et le Nord, c'est le Somaliland, l'ancienne Somalie britannique qui n'a d'ailleurs, après avoir accédé à l'indépendance en 1960, jamais formellement ratifié son rattachement à la Somalie italienne pour former la nouvelle Somalie indépendante. Alors dans les années 80, après avoir vu venir et partir les Soviétiques, puis arriver les Américains, le Somaliland nourrit de nouveau des rêves d'émancipation. En 1988, le Mouvement National Somalien, formé en 1981 par des Somalilandais exilés à Londres, monte une insurrection contre le régime de Mogadiscio. Syad Barré retrouve alors ses réflexes de dictateur pur sucre et lance son armée contre les insurgés. Son armée, et surtout son aviation. Les Mig-27 somaliens, souvenirs de l'idylle somalo-soviétique, bombardent Hargeisa sans grand souci d'identifier des objectifs militaires. De toute évidence, à Mogadiscio les dommages collatéraux ne font pas encore partie des éléments de langage de l'administration. Il y aura au moins quarante mille morts. Un autre massacre oublié passé par les profits et pertes des grandes consciences internationales, manifestement occupées ailleurs. Cocasserie tragique, les Migs étaient aux mains de pilotes rhodésiens—ou comment un ex-dictateur marxiste désormais imbu de reconnaissance occidentale écrase une rébellion avec le soutien de la Rhodésie ségrégationniste[1]. Qui dira que l'Afrique n'est pas un continent compliqué ?

Cependant les Etats-Unis s'effarouchent de la réaction sans nuance d'un allié désormais encombrant, et plient bagage, abandonnant Berbera. Mohamed Syad Barré est dorénavant seul face à ses reniements successifs et aux rivalités tribales. Il tiendra tant bien que mal encore trois ans avant de devoir fuir sous la pression des rebelles en Janvier 1991. Au mois de mai de la même année, le Somaliland déclare la « restauration » de son indépendance.

Plus d'un quart de siècle plus tard, le Somaliland est toujours un territoire indépendant, mais encore un fantôme diplomatique. Alors que chefs de clans, sous-clans et factions diverses continuent de se disputer le contrôle du reste du pays, le Somaliland fonctionne, avec un gouvernement, un parlement, une administration, des services publics, une banque centrale, une monnaie, en somme tous les attributs universellement reconnus de la souveraineté. A bien des égards, la performance institutionnelle du Somaliland en tant que nation organisée s'affiche supérieure à celle de beaucoup d'autres états reconnus, en particulier en Afrique. L'état de droit y est affirmé tout en faisant place aux traditions claniques quand elles s'avèrent aptes à faciliter la résolution des conflits, une presse libre et privée illustre la liberté d'expression garantie par une justice indépendante, la dette extérieure—conséquence de l'isolement institutionnel—y est nulle, et enfin ce territoire de trois millions et demi d'habitants est géré par seulement six mille fonctionnaires environ, un ratio à faire pâlir d'envie les réformateurs frustrés de la fonction publique au Sud comme au Nord de l'Equateur. Ajoutez à cela un marché libre et une économie tirée par le dynamisme du secteur privé, et vous en viendrez à vous demander comment le Fonds Monétaire International, la Banque Mondiale et la Banque Africaine de Développement n'ont pas encore fait de ce cas d'école l'exemple à suivre pour tout le continent et au-delà. Mais voilà, pour tous ces organismes sérieux et responsables, il n'y a pas de Somaliland, juste la Somalie, qui simultanément, en tant que pays organisé, est vraiment inexistante.

Pour être juste, il faut reconnaitre que la Banque Africaine de Développement, dans un récent dossier de synthèse sur la Somalie, concède—il est vrai par le biais d'une note en bas de page— que *le Somaliland s'est efforcé de mettre en place un système politique opérationnel, ainsi que des structures de gouvernance de base qui favorisent le retour de la plupart des services publics essentiels*[2].

Mais alors la question se pose, dérangeante: pourquoi, après trente ans de stabilité politique et administrative démontrée, de bonne gouvernance en somme comme on aime à dire aujourd'hui dans les milieux diplomatiques, pourquoi refuser obstinément de reconnaitre *de jure* ce qui existe *de facto* ? Pourquoi s'entêter à soutenir à grands frais en Somalie ces gouvernements de transition à répétition, qui ne gouvernent rien mais ont le transitionnel permanent ? Pourquoi s'obstiner à faire cohabiter des chefs de clans et autres seigneurs de la guerre qui ne sont d'accord sur à peu près rien, hormis sans doute empêcher la reconnaissance du Somaliland[3] ? Et qu'on nous épargne dorénavant la rengaine usée du respect intangible des frontières héritées de la période coloniale. Par deux fois déjà, l'Erythrée en 1993 et le Sud Soudan en 2011 ont démontré l'inanité de ce principe sans que le ciel nous tombe sur la tête. Or on peut probablement affirmer sans offenser quiconque que ces deux nouveaux pays n'avaient pas vraiment établi avant leur reconnaissance, ni n'ont encore établi après d'ailleurs, leur capacité de bonne gestion démocratique. Ce qui n'empêcha nullement l'enthousiasme de la communauté internationale à entériner leur quête d'indépendance. Le cas de l'Erythrée est d'ailleurs exemplaire, car en la privant de débouché maritime sur la Mer Rouge il faisait de l'Ethiopie un pays enclavé, dépendant largement pour son commerce extérieur du port de Djibouti. Ironiquement, aujourd'hui c'est vers le Somaliland que se tourne Addis Abeba en vue de moderniser le corridor de Berbera.

Le Somaliland n'est-il pas pourtant l'incarnation de ce dynamisme africain, de cette promesse de jaillissement, de cet espoir de renaissance dont on fait des livres, des sommets répétitifs et des conférences assommantes, mais que l'on refuse de voir quand il se présente sous prétexte qu'il ne se manifeste pas là où on l'attendait ? Le développement doit-il se résumer, ou mieux se résigner, au remplacement du conformisme historique par le conformisme institutionnel ?

Quand toutes les autorités bien-pensantes ont l'innovation plein la bouche, pourquoi ne pas donner un coup de pouce à l'innovation politique au bénéfice d'une population qui a eu bien du mérite à se relever sans grande aide de quiconque du chaos et de la misère où l'avaient plongé la mégalomanie d'un dictateur et la complicité intéressée des grandes puissances ?

Des investisseurs étrangers se penchent aujourd'hui sur le Somaliland, mais évidemment le manque de reconnaissance internationale demeure un frein aux transactions importantes, qui pourraient contribuer à hisser le pays vers un nouveau palier sur l'échelle du développement socio-économique. Des opérateurs portuaires de premier plan, en France et aux Emirats, s'intéressent ainsi au port de Berbera, qui pourrait avoir un vrai potentiel régional. Et le temps presse sans doute, car au bout de trente ans de quasi-autarcie le modèle économique tend à s'essouffler. Finalement, après une période équivalente de confusion et d'anarchie dans le reste de l'ex-Somalie, où l'on serait bien en peine d'identifier le moindre ferment de conscience nationale, c'est à un choix simple entre un passé calamiteux et un futur compliqué mais prometteur que sont confrontés les politiques appelés au chevet du Somaliland.

Mais d'ailleurs, qu'en pensent les premiers intéressés, que même les Nations-Unies, si prodigues d'ordinaire en referendums d'autodétermination, ne semblent pas vraiment pressés de consulter ? Pour les soixante-dix pour cent de la population nés après 1991 et l'indépendance de fait, retourner dans le giron d'un pays rongé par les guerres intestines et la poussée islamiste doit sembler une proposition étrange. Et si vous vous aventuriez à demander leur avis aux habitants de Hargeisa, sans doute vous diraient-ils qu'ils n'ont qu'à faire un tour sur la Place du Souvenir.

A TROIS MILLE kilomètres au Sud-Ouest de Hargeisa, voici Kigali, capitale du Rwanda. Une autre histoire belge. Ou plutôt germano-belge, puisque la Conférence de Berlin de 1885 qui divisa le Congo entre la France et la Belgique attribua par la même occasion le Rwanda et le Burundi, dans le cadre de l'Afrique Orientale Allemande, à l'empire germanique. Les Allemands allaient y rester jusqu'en 1916 quand ils en furent délogés par les troupes belges venues du Congo voisin.

Bien souvent aujourd'hui, quand on dit Rwanda, on entend génocide. Les massacres de 1994, les atermoiements des Nations-Unies, les récits terribles des survivants. Pourtant ce destin n'était pas écrit d'avance, encore moins programmé dans les gènes de la population, comme on a pu trop souvent l'entendre. Car Hutus et Tutsis, les deux groupes qui peuplent le Rwanda depuis des siècles, correspondent bien plus à des castes sociales qu'à des ethnies. Ils appartiennent en fait au même groupe de populations, la tribu des Banyaruandas[4]. C'est le colonisateur belge, dans une large mesure, qui cristallisa l'antagonisme entre les uns et les autres en entérinant, sous l'alibi de critères pseudo-scientifiques, l'idée selon laquelle les Tutsis étaient historiquement des étrangers, peut-être des sémites, venus du Nord pour imposer leur pouvoir aux Hutus, dans ce scénario seuls habitants d'origine légitimes du royaume rwandais. Et comme les Tutsi, éleveurs de bétail et administrateurs, tenaient alors le haut du pavé dans la hiérarchie du royaume face aux agriculteurs Hutus, le pouvoir colonial belge s'appuya sur eux pour asseoir son autorité sur le territoire. Mieux—ou pire, quand on songe aux conséquences de cette mesure un demi-siècle plus tard—l'administration coloniale décrète en 1931 l'établissement d'un état-civil mentionnant l'appartenance aux communautés Hutus ou Tutsis, considérées dès lors comme des ethnies distinctes.

Le Rwanda, comme le Burundi voisin, sont des enclaves particulières dans le continent africain. Isolés sur des hauts plateaux volcaniques, la géographie les a longtemps protégés des incursions étrangères, comme des traites esclavagistes, arabe d'abord, européenne ensuite. Le climat y est plutôt doux, et la fertilité des sols y a permis le développement soutenu de la production agricole. L'ensemble de ces facteurs a contribué ainsi à faire de ces deux pays les territoires à plus haute densité humaine d'Afrique, avec environ 450 habitants par kilomètre carré. Par comparaison, la statistique équivalente pour la France est de 121, et de 35 pour les Etats-Unis.

En Septembre 2008, dans le cadre de la visite d'une délégation de managers de la Banque Mondiale, nous avons rencontré Paul Kagamé, l'homme fort du Rwanda depuis le génocide. Personnage au charisme indéniable, il porte une vision de l'avenir de son pays qui, de prime abord au moins, force le respect. Une de ses premières décisions après son arrivée au pouvoir en 1994—d'abord comme Vice-Président puis en 2000 comme Président—fut de supprimer la mention de l'appartenance communautaire sur les cartes d'identité. Puis il a mis le Rwanda à marches forcées sur la voie de la modernité, développant à grande échelle les technologies de l'information et ouvrant le pays au commerce international. L'ironie, selon les opposants au régime, serait aujourd'hui que malgré ces avancées techniques, la censure des media non-gouvernementaux aurait progressé dans les mêmes proportions. Alors, toutes proportions gardées, faut-il aujourd'hui voir dans le Rwanda une petite Chine—démocratie économique, mais censure et répression politiques—ou un nouveau Singapour en devenir—dictature éclairée au parfum démocratique ? En attendant, Kigali est une capitale propre, coquette même, où les équipes d'entretien des rues sont au travail tôt chaque matin pour balayer les caniveaux et les trottoirs.

Mais on ne saurait quitter Kigali sans visiter, au sommet d'une de ces mille collines, un bâtiment blanc, en forme de croix sous ses toits gris, un bâtiment tout simple de deux niveaux, avec terrasse dominant des jardins descendant en espaliers vers la ville. C'est le Mémorial du Génocide. Un espace sans images agressives, sans illustrations sanglantes, comme si le sang avait trop coulé pour qu'on en montre encore. Mais salle après salle, une oppression qui monte à la gorge, palpable. Des murs entiers de photos, les photos des disparus. Photos d'identité, photos de famille, de classe, de vacances. Il fallut cinq ans à l'Allemagne nazie pour assassiner six millions de Juifs, avec des moyens de masse, mais au Rwanda en 1994 les milices Hutus massacrèrent huit cent mille personnes en moins de trois mois. Au coupe-

coupe. Productivité admirable dans l'extermination. Enfoncé, Himmler. Finalisée, la solution.

Des vitrines montrent les outils de travail des génocidaires. Des haches, des couteaux, des machettes. De l'artisanat, en quelque sorte, mais terriblement organisé. Des panneaux racontent, sans effet inutile, les travaux préparatoires, la constitution des stocks d'armes, les appels au meurtre de la Radio des Mille Collines, tout cela pratiquement, incroyablement, au vu et au su de tous. Quelques documents, qui se passent de commentaires, jalonnent le cheminement vers l'horreur. Ainsi, moins de deux mois après son arrivée, le message du général canadien commandant la Minuar, la force d'interposition des Nations-Unies au Rwanda, alertant en Janvier 1994 le siège de New York sur un plan d'extermination des Tutsis, précisant même qu'il prévoit *«la mise à mort de mille personnes en vingt minutes»*, et proposant un raid sur les caches d'armes. Dans sa réponse, Kofi Annan, alors Directeur des Opérations de Maintien de la Paix de l'ONU, lui rappelle les limites de son mandat et lui suggère, benoîtement, d'informer le Président. Pour parachever la performance, deux semaines après le début du génocide, en Avril 1994, le Conseil de Sécurité décide de réduire les effectifs de la Minuar de quatre-vingt-dix pour cent, de 2.500 à 270 Casques Bleus. Echarpez-vous les uns les autres, ailleurs la paix sera bien gardée.

Et puis il y a les enregistrements, les voix des rescapés qui racontent ce qu'ils ont vécu. Ces voix disent, avec un calme terrifiant, l'indicible. Une sobriété nue, coupante, qui fend le confort de la conscience et fouille derrière le paravent des certitudes, là où sommeille encore la terreur primaire.

Des photos montrent des femmes tendant leurs jeunes

enfants vers les soldats de l'ONU. Qui emportent qui un chat, qui un chien, un souvenir vivant de leur mission rwandaise. Des témoignages racontent. Elles crient : - *Je vous en prie, emmenez nos enfants, ils vont tous nous tuer.*

En effet, ils les tuèrent.

On sort alors sur la terrasse, hébété comme un boxeur qui vient de prendre une série de coups sans pouvoir réagir. Devant nous, de larges jardins en espaliers forment comme autant de grandes marches revenant vers la terre des vivants. Mais ce ne sont pas seulement des jardins. Après le génocide, quand on construisit le Mémorial, on y rapporta la plus grande partie des restes des victimes. En parcourant à pas lents ces terrasses, nous marchons sur sept cent mille cadavres. Seul bruit presque insolite dans ce décor, des séries de coups, un martèlement régulier. Debout contre un mur, un ouvrier n'en finit pas de graver dans la pierre les noms des massacrés.

Dans l'air immobile et le silence du ciel, c'est de l'Histoire qui bouge encore.

APRÈS UNE CINQUANTAINE d'années d'indépendance, le paysage politique du continent africain demeure agité, alors même que le paysage économique devient de plus en plus dynamique. Sans vouloir refaire l'Histoire, on ne peut toutefois s'empêcher de penser que ce décollage économique a été plutôt réprimé qu'encouragé par l'interventionnisme politique des grands blocs antagonistes de la deuxième moitié du vingtième siècle. Tout au long de la guerre froide, tandis que l'Union Soviétique déployait tous ses moyens d'influence, officiels et souterrains, diplomatiques et subversifs, pour attirer dans son orbite les jeunes états du monde en développement, le bloc occidental répliquait à grands coups de programmes d'assistance économique. Le problème, toutefois, était que la plupart de ces programmes, quelles qu'aient été leurs qualités techniques, demeuraient inféodés dans leur mise en œuvre aux pouvoirs politiques locaux—conséquence logique et légitime des indépendances—même quand ces pouvoirs se comportaient davantage en chefs de clans qu'en responsables de leur communautés nationales.

En d'autres termes, et malgré les objectifs affichés de modernisation institutionnelle et sociale prônés par les banques multilatérales de développement, en dernière analyse elles devaient trop souvent se résoudre à accorder leurs prêts à des régimes peu sensibles à leurs arguments de politique économique, mais dont leurs actionnaires majoritaires—en gros, les pays de l'OCDE— estimaient impératif de satisfaire les demandes afin de les soustraire aux tentations récurrentes d'un changement d'alliance. Simultanément, les pays ayant rejoint la fraternité communiste mettaient en œuvre, avec le soutien de l'URSS, des politiques collectivistes et de développement de l'industrie lourde qui allaient grever pour des années leur potentiel économique et leur capacité de progrès social. Finalement, quelle que soit leur allégeance géopolitique, soutenir les yeux fermés des autocrates, voire des despotes, contribue rarement à l'émancipation et à l'épanouissement des populations. Mais enfin, depuis la fin de la guerre froide ce chapitre est révolu, n'est-ce-pas ? Applaudissez bonnes gens, la gouvernance est de retour ! Retenez votre souffle, nous en discuterons plus loin.

Bien sûr, il y eut d'heureuses exceptions. Certaines ont bien supporté l'épreuve du temps et de la passation du pouvoir entre dirigeants historiques et nouvelles générations, tel le Sénégal, tandis que d'autres ont parfois succombé de nouveau aux tentations claniques, telle la Côte d'Ivoire, dont il faut cependant espérer qu'elle a maintenant retrouvé l'équilibre politique et social qui fit d'elle un modèle envié pendant les vingt premières années de son indépendance.

Et puis, comme l'ont tristement illustré les quelques exemples de ce chapitre, l'engagement des blocs occidental et soviétique dans les conflits régionaux, le plus souvent par procuration, ont dans l'ensemble davantage contribué à les prolonger qu'à les résoudre, toujours pour le malheur des peuples victimes des ambitions des politiciens arrivistes et du sectarisme des idéologues. De plus, parfois l'autorité coloniale, sans aucun doute pour faciliter son implantation locale et certainement sans imaginer le pouvoir mortifère de ses décisions, en s'appuyant ostensiblement sur le pouvoir de certaines communautés pour mieux asseoir le sien propre, a inconsciemment semé les germes d'une haine irrépressible qui n'aura su s'assouvir, avant peut-être, enfin, de disparaître, que dans le sang répandu de milliers d'innocents.

Au gré de voyages d'une région à l'autre de la planète on peut ainsi souvent trouver les traces de ces affrontements, soit qu'ils aient cessé mais demeurent gravés dans la chair et la mémoire, qu'ils se soient essoufflés mais soient près de sourdre encore au moindre retour de la désespérance, soit qu'ils se soient transformés en de nouveaux conflits où l'héritage des premiers s'est combiné aux secousses des mutations du monde pour accoucher de terreurs nouvelles.

Il est des endroits rares où l'on peut presque physiquement sentir l'accélération du temps, la collision entre géographie et histoire. Un jour de Novembre 2004, debout sur un quai du port d'Aqaba, j'embrasse ainsi d'un seul regard quatre pays : la Jordanie où je me trouve, en face de moi Israël et le port d'Eilat, juste en dessous l'Égypte et la ville de Taba, enfin au Sud le désert de l'Arabie Saoudite. Que de convergences mythologiques, historiques et religieuses sur ce morceau de terre ! Et combien d'incompréhensions à dénouer, passées et futures, pour calmer un jour les fureurs du ciel et les blessures des rescapés. Six mois plus tard, l'hôtel où nous étions descendus à Amman sera dévasté par une bombe. Heureux les artisans de paix, pourvu qu'ils survivent.

Les violences politiques et religieuses d'aujourd'hui ressemblent aux enfants fous d'une union malheureuse entre l'exigence immédiate du bonheur matériel et l'appel impérieux d'un idéal spirituel qui aurait, au sens propre, perdu l'esprit. Et une religion qui perd l'esprit devient une superstition. Au vu de ce qui se passe autour de nous désormais, on en viendrait presque à regretter le terrorisme des années soixante-dix, quand des activistes palestiniens détournaient des avions qu'ils menaient se poser dans des déserts, puis débarquaient consciencieusement les passagers avant de faire sauter des carlingues vides.

COMME AURAIT DIT CYRANO, on a fait mieux depuis.

---

1. *Interprétation d'un conflit: le cas de la Somalie*, par Marc Antoine Pérouse de Montclos, Centre d'Etudes d'Afrique Noire, IEP de Bordeaux, 2001
2. *Somalie - Dossier de Synthèse*, Banque Africaine de Développement, 2010

3. A l'été 2014 une conférence des donateurs pour le Somaliland devait se tenir à Nairobi. Elle fut annulée sur l'insistance du *gouvernement* de Mogadiscio.
4. *Histoire du Rwanda*, Commission Nationale pour l'Unité et la Réconciliation, Université Nationale du Rwanda 2011.

LA PAILLE ET LA POUTRE

En cette fin d'après-midi pluvieuse de Mai, le car affrété par les Nations Unies se frayait laborieusement un chemin sur le Long Island Expressway, en route pour le centre de conférence qui allait abriter une retraite des ambassadeurs des pays en développement enclavés. La lenteur de notre progression me donnait tout loisir de remarquer les nombreux indices témoignant de l'état de délabrement progressif de l'infrastructure routière d'une des plus grandes métropoles des Etats-Unis: chaussée rapiécée par de multiples reprises de revêtement marquant de cicatrices disparates ce qui fut à l'origine une bande de roulement lisse et confortable, fissures apparentes sous le tablier des ponts, éléments de signalisation souffrant à l'évidence du manque d'attention et de moyens des unités de maintenance en charge de leur entretien. Le rapprochement de ces considérations physiques immédiates et du thème justifiant le déplacement groupé des éminences diplomatiques offrait un raccourci paradoxal sur les incohérences de la planète. Nous allions en effet consacrer les prochaines vingt-quatre heures à débattre des meilleurs moyens d'améliorer le développement et l'entretien des infrastructures de transport des pays pauvres, quand la route même que nous suivions, dans l'un des pays les plus développés au monde, offrait un contre-exemple dévastateur des politiques à ne pas suivre. Mais comme la pluie du matin n'arrête pas le pèlerin, les routes cahotantes n'arrêtent pas les têtes pensantes. Nous arrivâmes et nous débâtîmes.

L'industrie du conseil en politique économique, comme en politique sectorielle dans toutes les thématiques relevant du développement social, infrastructures, éducation, santé, constitue un pilier majeur de l'activité des institutions de développement, qu'elles soient nationales ou multilatérales. Le financement des projets eux-mêmes demeure ainsi la plupart du temps conditionné à la mise en œuvre de réformes sectorielles ou d'ajustement de stratégie économique par les gouvernements bénéficiaires des subsides tant recherchés. Ce qui soulève immédiatement une question dont la banalité ne limite en rien l'importance : il serait bien sûr éminemment souhaitable que ces conseils et prescriptions, venant de multiples acteurs impliqués à différents niveaux auprès des pays clients, soient toujours cohérents et globalement compatibles entre eux, mais le sont-ils ? Comme souvent dans l'arène de l'assistance aux pays pauvres, à question simple réponse complexe.

Au niveau des principes, il y a certainement un très large accord entre tous les principaux partenaires dans les pays donateurs pour promouvoir une politique de développement économique d'inspiration libérale, mais sous-tendue par une architecture pérenne de protection sociale et d'accompagnement des catégories les plus vulnérables. Autrement dit, l'économie de marché panachée de justice sociale, les bénéfices de la compétition bornés par la solidarité entre les citoyens et le nécessaire engagement mutuel entre les générations. Ensuite, comme toujours l'interprétation des principes peut conduire à des divergences quant aux moyens de leur mise en œuvre, au rythme des ajustements nécessaires et à la définition pratique des nouveaux équilibres à trouver entre entrepreneuriat privé et régulation publique, ouverture des frontières et protection des industries fragiles, et plus généralement entre le rôle de l'état et celui d'une société civile souvent encore embryonnaire.

Vient aussi parfois se greffer sur la problématique de la réforme, qu'elle soit institutionnelle ou thématique, un effet de mode qui s'accompagne alors fréquemment d'un zèle et d'un prosélytisme excessifs, où d'aucuns diagnostiqueront volontiers les symptômes d'un accès de dogmatisme aigu, fièvre saisonnière mais malheureusement répétitive qui infecte régulièrement les cerveaux les plus avisés dès lors qu'ils deviennent convaincus d'avoir redécouvert la lune. Ainsi, dans la deuxième moitié des années quatre-vingt-dix, de l'engouement pour les privatisations.

Sans remonter jusqu'au droit romain qui codifia la mise en concession de bacs, de ponts et de canaux aux entrepreneurs de l'époque, il est cependant aisé de remarquer que la mobilisation d'entreprises privées pour financer, entretenir et exploiter des infrastructures d'intérêt public fut une formule très largement mise en œuvre tout au long du dix-neuvième siècle, et ce des deux côtés de l'Atlantique, en particulier pour les ports et les chemins de fer. Des docks de Londres en 1838 au port de Beyrouth en 1887 et à la Société Internationale du port de Tanger en 1921, en passant par la concession d'une partie du port de Saigon aux Messageries Impériales en 1861 et l'épopée du rail américain de la première ligne du Baltimore & Ohio en 1830 à la jonction entre Union Pacific et Central Pacific en 1869, les exemples foisonnent qui attestent du potentiel des partenariats industriels et commerciaux entre puissance publique et entreprises privées dans le domaine des infrastructures de transport[1].

Naturellement, après la fin de la seconde guerre mondiale et la création lors de la Conférence de Bretton Woods en 1944 de la Banque Internationale pour la Reconstruction et le Développement— l'identité officielle de la Banque Mondiale—et du Fonds Monétaire International, toute l'attention se porta en priorité sur l'effort de reconstruction de l'Europe et le renforcement des institutions publiques qui devaient le conduire. Le tout premier prêt de la Banque Mondiale fut ainsi consenti à la France en 1947, pour $250 millions[2]. Dans la foulée, lorsque la Banque se tourna vers ses activités de développement proprement dites dans les années cinquante, le goût du jour était au soutien des entreprises publiques et à l'accompagnement des politiques économiques des gouvernements, largement basées sur l'expansion des infrastructures, alors financées par les états et exploitées par leurs services techniques. Cette tendance se trouva d'ailleurs mécaniquement renforcée du fait des statuts même de la Banque Mondiale, qui limitaient ses activités aux relations avec des gouvernements souverains. Les prêts aux états et aux organismes publics bénéficiant de leur garantie devinrent donc le vecteur naturel d'intervention de la Banque.

Ces projets n'étaient pas toutefois sevrés d'ambitions réformatrices, qu'il s'agisse du fonctionnement des administrations ou de la gestion des entreprises publiques. Mais force fut de faire le constat, après près d'un demi-siècle d'existence, que les projets de la Banque, s'ils étaient largement couronnés de succès quant au soutien à la création d'infrastructures, l'étaient beaucoup moins en matière de modernisation des administrations publiques et de leurs démembrements. De Contrats de Programme en Accords de Productivité, les dossiers de projets s'épaississaient sans que les performances sur le terrain ne marquent d'amélioration notable. La Banque incluait bien sûr ses fameuses conditionnalités dans ses accords de prêts, qui rendaient juridiquement possible une suspension des financements si les mesures de modernisation administrative ou de réforme sectorielle n'étaient pas mises en œuvre, mais comme on l'a vu au chapitre précédent et comme on le verra plus loin, il y a toujours eu et il y aura toujours beaucoup trop de bonnes et mauvaises raisons pour suspendre leur application.

C'est alors que nombre d'économistes en postes dans les institutions multilatérales, et en particulier à la Banque Mondiale, s'avisèrent du mouvement de fond qui secouait les pays européens, à commencer par le Royaume-Uni et bientôt la France, rapidement relayé par l'Union Européenne, en faveur d'un transfert au secteur privé de nombreux services jusque-là rendus par les gouvernements. Pour certains services purement commerciaux—compagnies aériennes et constructeurs automobiles par exemple—il n'y avait guère matière à controverse, encore que la fierté nationale attachée au pavillon d'une flotte aérienne allait rendre cette entreprise délicate dans de nombreux pays, alors qu'en revanche le transfert au privé de services dits publics, tels que l'eau et l'électricité, allait susciter des oppositions farouches au Nord comme au Sud. Il faut dire que c'était l'époque où un fameux leader syndical français n'hésitait pas à déclarer que « *plus c'était déficitaire, plus c'était un service public* », logique innovante dont les limites n'apparaitraient que trente ans plus tard, lors de la crise généralisée des dettes souveraines.

Dans le quartier général de la Banque à Washington, certains crurent découvrir la pierre philosophale.

Avec l'enthousiasme des convertis de fraîche date, les nouveaux thuriféraires du secteur privé salvateur occupèrent rapidement tout l'espace du débat sur la meilleure façon de réorienter l'aide officielle au développement. Les mêmes, parfois, qui il y peu encore chantaient les louanges de l'état interventionniste n'avaient plus de mots assez forts pour critiquer sa calamiteuse inertie. Tandis que les opinions mesurées des praticiens raisonnables se trouvaient noyées sous le déluge de la nouvelle révélation, les hérauts de la croisade privatisante investissaient les estrades et asservissaient à leur foi les processus même d'élaboration des stratégies d'assistance. Les projets devaient désormais, impérativement, mobiliser le secteur privé, promouvoir son développement, le libérer de l'esclavage où l'avaient trop longtemps maintenu des administrations pusillanimes aux effectifs surnuméraires. J'exagère à peine. Cet enthousiasme contagieux allait jusqu'à remettre en cause la structure et le mode de fonctionnement des banques de développement. En effet, puisque dorénavant le secteur privé allait prendre la part du lion dans le financement des infrastructures, jusque-là le principal domaine d'intervention des institutions multilatérales, ne convenait-il pas de les réformer de fond en comble, à commencer par les qualifications de leur personnel ?

Des voix s'élevèrent alors, à la Banque Mondiale par exemple, pour affirmer qu'il n'était désormais plus nécessaire de conserver en son sein des équipes de professionnels confirmés dans les secteurs—transports, eau, énergie—où la capacité libérée de l'entreprise privée allait prendre le relais pour construire, produire et gérer infrastructures et services à travers le monde en développement. Tout juste aurait-on besoin d'une unité spécialisée dans les concessions, et le tour serait joué. Le discours était dynamique, sincère, mobilisateur. Bien sûr, ses promoteurs n'avaient la plupart du temps qu'une connaissance limitée, pour ne pas dire anecdotique, des secteurs qu'ils livraient avec conviction à l'appétit, supposé sans limite, de l'entreprise. Mais quand il s'agit plus de séduire que de convaincre, moins on en sait, mieux on en parle. Or la privatisation est séduisante, qui promet moins d'investissements publics, plus d'infrastructures, des services étendus, de meilleure qualité et moins chers. En somme, pour parodier une publicité célèbre en son temps, la privatisation c'était le nouveau Mini-Mir : mini prix, mais elle fera le maximum.

Sur cette question spécifique, les multiples acteurs officiels du développement adoptèrent assez largement une position commune de soutien aux privatisations, mais avec des nuances quant à leur rythme et à leur étendue. Comme tout effet de mode a ses intégristes, il y eut les partisans de la thérapie de choc, de l'application sans nuances du dogme affirmant que la performance du secteur privé ne pouvant être que supérieure à celle du secteur public, tout atermoiement serait contre- productif. Moins nombreux au départ, et sans doute plus retenus face au risque de passer pour des hérétiques, il se trouva néanmoins certains professionnels pour avancer, prudemment, que toute opération de privatisation, quelle qu'en soient les modalités, se formalisant par un contrat, et qu'un contrat requiert deux partenaires, il s'avèrerait sans doute utile de s'assurer avant de pousser les feux que les partenaires publics soient au niveau de ces nouvelles responsabilités.

Or c'était loin d'être le cas, et pour de bonnes raisons. Quels qu'aient été les héritages coloniaux et les penchants idéologiques des nouveaux états souverains, en effet, la fonction publique y jouait depuis les indépendances un rôle primordial. C'était à l'évidence le cas dans les pays ayant choisi le modèle marxiste, où le secteur privé n'avait quasiment pas raison d'être, mais c'était aussi largement vrai dans les pays libéraux, où l'affirmation de la souveraineté passait d'abord par une administration forte et souvent tentaculaire. Mais c'était surtout une administration de gestion et d'intervention, bien plus que de régulation contractuelle. Pour donc mettre en œuvre avec succès ce modèle nouveau de fourniture du service public, dont les gouvernements conservaient en tout état de cause la responsabilité ultime, il fallait y développer les compétences nouvelles nécessaires.

C'était d'autant plus vrai que les partenaires privés potentiels, bien légitimement, arrivaient aux tables de négociations armés de la meilleure panoplie juridique possible, dans le but non moins légitime de maximiser la rentabilité financière de leur participation. Pour garantir un contrat servant au mieux l'intérêt national—et accessoirement éviter de souscrire à l'aveugle des engagements lourds de passifs potentiels—les négociateurs publics devaient être au moins aussi bien armés. On pouvait naturellement, et ce fut d'ailleurs souvent le cas, suppléer les déficiences initiales en mobilisant des appuis juridiques et financiers payés par les institutions de développement, mais ce ne conduisait en fait qu'à repousser le problème à plus tard, quand il faudrait suivre et superviser l'exécution des contrats. Sur un plan plus général, cet empressement à ouvrir grand les portes du secteur public traditionnel à l'entreprise faisait bon marché d'une vérité simple, exprimée entre autres par l'économiste américain John Kenneth Galbraith : « *Quand l'intérêt privé prend le pouvoir dans l'ancien secteur public, il y sert l'intérêt privé*»[3]. Rien de scandaleux à cela, pourvu que l'on se prépare en conséquence.

Il aurait donc été préférable de s'attacher à former les cadres administratifs locaux à ces nouvelles exigences, tout en mettant en place le cadre juridique indispensable à la mise en œuvre de ces relations contractuelles inédites dans de nombreux pays, avant de bousculer à marches forcées le cheminement institutionnel qui leur servait jusqu'alors de référence. Plus que préférable, cela aurait été sage, mais sans doute dans un monde idéal car la sagesse demande de la patience dans un monde impatient.

On mit donc les bottes de sept lieux et les bientôt fameux PPP (Partenariats Public Privé) fleurirent en toutes saisons et sous tous les climats. Enfin, disons que si les semences furent multiples, les moissons furent plus sélectives. L'asymétrie entre les capacités de négociation et d'exécution d'un côté et de régulation et de contrôle de l'autre conduisit fréquemment à des débordements ou à des blocages d'autant moins anticipés que dans un excès d'optimisme on avait trop souvent fait l'impasse sur des développements potentiels qui auraient exigé, pour les prévenir, du temps et des ressources que l'on n'avait pas cru devoir mobiliser. On privilégia ainsi la régulation par contrat, certes souple et adaptable, mais qui exige des gestionnaires contractuels maîtrise et réactivité, à la régulation par la loi, plus longue et complexe à mettre en place mais qui favorise l'éducation des responsables administratifs et juridiques du cadre institutionnel national. Les opinions publiques, souvent peu préparées à l'intervention du secteur privé dans ce qu'elles avaient toujours considéré comme le domaine exclusif de la puissance publique, s'alarmèrent et, dans certains cas, se radicalisèrent. Et bien entendu, comme les gens heureux ne font pas les bonnes histoires, on donna bien plus d'écho aux situations problématiques qu'aux projets, car il y en eut néanmoins, qui réussirent.

Cependant cette évolution donna finalement lieu aux réflexions qui s'imposaient, et vers la fin du siècle dernier le besoin d'un rééquilibrage entre les rôles respectifs des secteurs public et privé s'imposa petit à petit. La Société Financière Internationale, filiale de la Banque Mondiale en charge de la promotion du développement du secteur privé, tira les premières leçons de cet épisode dans un document qui soulignait la nécessité de renforcer les capacités des administrations concédantes avant de pousser plus avant les concessions d'infrastructure[4]. Il fut ainsi rassurant de constater que le bon sens, malgré les avanies d'usage, finissait par fissurer la croûte trop vite durcie des idéologies saisonnières. Au bout du compte, il fallut quelques années pour réaliser qu'en dépit d'un enthousiasme quelque peu surestimé pour la prise de risque, l'entreprise privée ne pourrait finalement pas financer dans la joie et la bonne humeur les infrastructures du monde entier, des chemins de fer du Tadjikistan aux routes du Tchad.

On put aussi constater à l'occasion de ce grand déchainement d'enthousiasme pour l'entreprise privée des réactions somme toute inattendues de la part de groupes publics dont l'histoire ne prédisposait pas, apparemment du moins, à succomber aux sirènes du capitalisme compétitif. Il fut ainsi cocasse de constater le zèle de certains grands monopoles français, dans l'énergie et les transports notamment, réfractaires sur le sol national à toute forme de compétition privée, à se porter candidat à la « *privatisation* » des mêmes services à l'étranger. Mais tous les sacrifices sont permis quand il s'agit de valoriser le savoir-faire national, surtout quand ce sont les autres qui les font. Schizophrénie administrative ou goût du grand large ? Un peu des deux sans doute. Finalement, la concurrence, c'est comme une sculpture de Jeff Koons : c'est beau quand ce n'est pas chez soi.

Dans mon rôle à la Banque Mondiale, j'eus moi-même à arbitrer au mieux des circonstances entre cette poussée fébrile vers la privatisation et la transformation raisonnée d'organismes publics qui étaient alors nos clients. Au Maroc par exemple, je me trouvais en charge de la supervision d'un projet sectoriel portuaire qui incluait une composante de modernisation institutionnelle, initialement conçue pour renforcer l'autonomie administrative de l'Office d'Exploitation des Ports. Mais je devais faire face à des suggestions pressantes visant à pousser l'Office, alors exploitant monopolistique du réseau portuaire marocain, à se défaire de ses régies opérationnelles pour les concéder au secteur privé, tandis que notre propre dialogue avec l'administration centrale insistait sur la nécessité de laisser l'Office libre de sa politique d'exploitation des ports pour pouvoir en tirer le meilleur bénéfice. Ajoutons qu'en ma qualité de fonctionnaire français détaché du Ministère de l'Equipement et des Transports, j'étais facilement soupçonné d'indulgence—coupable, forcément coupable—envers ces protubérances étatiques désormais jugées avec la dernière sévérité par les économistes à la mode.

Le cas du Maroc est d'ailleurs exemplaire. A l'époque la Banque a ainsi tenté de catéchiser les autorités pour les pousser à privatiser sans délai tous leurs systèmes de transport, ainsi d'ailleurs que les offices d'exportation de matières premières et produits agricoles (phosphates, agrumes) et d'importation de produits de base (céréales). Nous étions au Maghreb : les chiens aboient, vous connaissez la suite. Il nous fallut près de dix ans pour reprendre un dialogue constructif avec le Maroc dans le secteur des transports.

Ironiquement, en Janvier 2006, alors que le Parlement Européen rejetait une directive ouvrant le secteur des services portuaires à la concurrence dans la communauté, le Maroc adoptait une des législations les plus libérales au monde sur l'accès du secteur privé dans les ports du Royaume.

Dans un livre aussi intéressant que révélateur, Erik Orsenna raconta il y a quelques années l'odyssée du coton, son histoire, ses petits et gros planteurs, ses commerçants, ses filières, ses lobbys, ses savants, ses vestiges institutionnels et ses subventions intouchables[5]. Parmi les étapes du voyage, l'angoisse des Maliens face aux exigences de privatisation du secteur avancées par la Banque Mondiale pour secourir sa société nationale en faillite.

L'histoire du coton nous ramène à cette problématique qui guide l'action de la Banque Mondiale : comment aider ces pays à créer d'abord, mieux distribuer ensuite, assez de richesse pour réduire efficacement la pauvreté ? Comment assurer au mieux la pérennité de leur développement ? L'expérience des deux derniers siècles suggère que l'ouverture des marchés à la concurrence internationale serait un des moteurs de cette croissance créatrice de richesse.

Reste la question, évidemment essentielle pour les populations d'aujourd'hui, du cheminement vers cette ouverture, de la transition d'une économie protégée, voire autarcique, vers une économie ouverte où les avantages comparatifs chers à mes collègues économistes s'exerceraient librement. En effet, si les statistiques paraissent relativement convaincantes quant aux résultats à long terme des phénomènes de mondialisations passés, elles sont muettes quant aux coûts de la transition, des ajustements que ces pointes de perméabilité interrégionales ont provoqué.

Les historiens nous diraient peut-être qu'il faut les rechercher dans les soubresauts politiques et sociaux qui accompagnèrent ces évolutions, les vagues d'émigration, les déchirements de ce que l'on nomme désormais la société civile, le durcissement de certains pouvoirs autoritaires, voire les conflits qui en résultèrent. Avant d'enfanter la paix et la concorde universelles, la libéralisation des échanges peut sans doute parfois produire quelques anomalies génétiques inattendues.

Ainsi de l'ouverture brutale à la concurrence des pays les plus pauvres, tel le Mali de la Compagnie Malienne pour le Développement du Textile décrite par Erik Orsenna en 2006. Clairement, la compagnie publique, économiquement parlant, ne produisait pas de résultats optimaux. En revanche, humainement parlant, elle irriguait le tissu social, avec sans doute, certainement même, de la perte en ligne, mais au bout du compte elle entretenait, tant bien que mal, les conditions de vie d'une partie importante de la population du pays. Alors bien sûr, on ne fait certes jamais d'omelette sans casser des œufs, mais on peut casser beaucoup d'œufs sans jamais faire d'omelette. Revenant à la question initiale, comment sur cette base créer plus, et distribuer mieux, la richesse si nécessaire ?

C'est ici que l'approche purement économiste trouve ses limites. Il faut toutefois admettre que depuis une vingtaine d'années environ, la Banque s'est efforcée, sans doute pas toujours avec le meilleur succès, d'accompagner précisément les réformes dites « structurelles » en les dotant de financements complémentaires pour la mise en place de programmes sociaux devant pallier l'amoindrissement prévisible des systèmes de soutien traditionnels. De ce point de vue, l'apologie du marché libéralisé souvent offert par les théoriciens américains du développement fleure bon le messianisme évangélique des protestants d'outre-Atlantique qui ont réussi. On reconnaît en filigrane l'application des paroles de l'Ecriture « *les oiseaux du ciel ne sèment ni ne moissonnent....et votre Père céleste les nourrit* ». Privatisez, privatisez, et le reste vous sera donné par surcroît. Reste à réconcilier, avec effet immédiat, l'Evangile et les pratiques des multinationales.

Car le credo du marché s'accommode parfois, chez ses disciples parmi les plus fortunés, d'une étonnante addiction à la subvention publique, bien peu en phase avec la foi proclamée dans les vertus de la libre concurrence. Pour en juger l'importance, dans la foulée du coton regardons donc pour un instant le secteur de l'agriculture. Pour les économies en développement, et en particulier les plus pauvres d'entre elles, la production agricole constitue un socle majeur de stabilité d'abord—assurer la sécurité alimentaire des populations—de croissance ensuite, en passant d'une agriculture de survie à une production de marché, commercialisée sur le territoire national comme à l'exportation. Pousser ces pays à augmenter la part de leurs exportations dans leur Produit Intérieur Brut reste d'ailleurs une admonestation récurrente des bailleurs de fonds internationaux, qui financent régulièrement des projets de modernisation agricole. Même ainsi rationalisés, les coûts de production demeurent faibles, le fret maritime pour le transport de vracs agricoles est très compétitif, donc à première vue les perspectives semblent bonnes pour la pénétration des produits agricoles des pays pauvres sur les marchés des pays développés.

C'est sans compter sur les inerties endogènes des économies dites riches, où la résistance au changement (or la concurrence extérieure en est un puissant moteur) sait s'appuyer sur le clientélisme politique et la gestion inventive de l'argent public. L'Organisation pour la Coopération et le Développement Economique (OCDE) recense ainsi plus de 250 milliards de dollars de subventions agricoles annuelles parmi ses pays membres, qui constituent jusqu'à vingt pour cent des revenus des producteurs. Parmi ces montants, l'organisation estime que la moitié, soit 125 milliards de dollars environ, a un effet direct de distorsion des marchés agricoles — autrement dit, pour le commun des mortels et les consommateurs que nous sommes, fausse la concurrence[6]. Les deux plus grands faussaires ? L'Union Européenne, avec 74 milliards de dollars de transferts annuels, et les Etats-Unis, avec 30 milliards. Chez ces derniers, l'argumentaire justifiant la subvention recèle parfois des perles rares, comme quand Marco Rubio, sénateur de Floride et ex-candidat à la présidence, explique en Août 2015 que subventionner l'industrie sucrière est une question de *sécurité nationale*. Sans rire. On ignorait que les armes secrètes du Pentagone incluaient les canons à sucre. Pendant ce temps, du fait du coût du programme de soutien entre subventions et quotas d'importation, le tout au bénéfice de quatre mille cinq cents producteurs, le consommateur américain paie son sucre plus de deux fois le prix du marché mondial[7].

Les économies dites libérales justifient aussi souvent les subventions agricoles par la nécessité de sauvegarder des emplois. Mais comme Adam Smith l'a clairement énoncé il y a deux siècles et demi, « *aucune règlementation du commerce ne peut jamais faire croître une industrie dans une société donnée, elle ne peut qu'en détourner une partie dans une direction où elle ne serait pas allée autrement* »[8]. Et les emplois sauvés dans un secteur sont alors la cause d'emplois détruits ailleurs, du fait des surcoûts imposés aux autres acteurs économiques. Il est paradoxal de constater ainsi que des nations emblématiques de la logique libérale, fondée sur la liberté du commerce international lui-même basé sur la reconnaissance des avantages comparatifs de chaque pays, se refusent à admettre la simple évidence que certains produits étant offerts moins cher et à qualité égale ailleurs, leur intérêt propre serait de ne plus les produire et de reconvertir ces ressources, humaines et matérielles, dans des domaines où ils pourraient à leur tour bénéficier du statut de meilleur producteur face à la compétition internationale.

Pour de nombreux pays en développement, à qui l'on ne manque pas de prêcher à longueur de conférences et d'épais rapports les bienfaits de l'économie de marché, le résultat de ces pratiques est des plus simples : ils auront beau faire des économies, pour eux il n'y aura pas de marché. En tout cas pas pour nombre de leurs productions agricoles, qui se verront barrer l'entrée des marchés du Nord à coup de prix subventionnés et de quotas d'importation. Et quand par extraordinaire quelque produit pourrait encore passer entre les mailles du filet, il reste la barrière ultime, l'arme atomique des économies protégées, la norme. Non pas la norme raisonnable, attendue, justifiée, que la grande majorité des producteurs sérieux savent devoir respecter et respectent, mais la norme subjective, partiale, quasi-irrationnelle car fondée sur la crainte savamment entretenue du consommateur occidental nourri au principe de précaution, au nom de laquelle on expliquera aux pêcheurs du Lac Victoria que non, décidément, leur poisson ne satisfait pas les exigences des délicats gosiers européens. Les multiples règlementations environnementales, souvent très difficiles à respecter dans les pays pauvres, deviennent aussi dans les faits autant de barrières protectionnistes qui ne disent pas leur nom mais remplissent parfaitement leur rôle, sous le regard contrit mais rassuré des bons apôtres de la commission de Bruxelles.

Mais il y a plus. Plus surprenant, plus ironique, plus consternant. En 2012, le total de l'Aide Officielle Nette au Développement, c'est-à-dire les sommes déboursées en prêts et dons moins les sommes remboursées par les pays emprunteurs, a atteint 126 milliards de dollars, soit 0.29 pour cent du Revenu National Brut global des pays donateurs, en baisse marquée de 6 pour cent depuis le record de 2010[9]. Incidemment, la contribution de la France, qui avait régulièrement augmenté entre 2007 et 2011, a diminué dans les mêmes proportions entre 2012 et 2014, passant de 0.45 à 0.36 pour cent du Revenu National Brut. Comme quoi l'exploitation industrielle de la mauvaise conscience et la litanie formatée du discours compassionnel ne font pas une politique de développement. Toutefois le plus important n'est pas là, mais dans la comparaison des chiffres.

Reprenons. Les pays de l'OCDE, dans leur ensemble, consacrent donc 126 milliards de dollars par an à l'aide au décollage économique des pays en développement, principalement pour améliorer leur compétitivité sur les marchés internationaux, sachant que l'agriculture est un des piliers de la croissance de leurs économies. Parallèlement, les mêmes pays de l'OCDE consacrent 125 milliards de dollars, soit quasiment la même somme, pour soutenir artificiellement leurs propres marchés agricoles en les fermant à la concurrence des pays pauvres. Ou comment les promoteurs du Monopoly préfèrent jouer à qui perd gagne.

Alors bien sûr, il faut se garder d'une interprétation lapidaire des chiffres globaux, qui recouvrent beaucoup de situations disparates. Néanmoins, l'ampleur des montants en jeu et l'équivalence des efforts financiers sont à tout le moins le symptôme d'une incohérence majeure. On ne peut s'empêcher de penser qu'il y aurait sans doute mieux à faire avec ces milliards d'argent public que soutenir à fonds perdus des filières déficitaires tout en pénalisant symétriquement les pays fragiles que l'on prétend par ailleurs aider à accéder aux marchés internationaux. Mais la symétrie est trompeuse. Les bénéficiaires du soutien public dans les pays de l'OCDE sont aussi des électeurs qui choisissent et soutiennent les politiciens qui décident ce soutien. Les bénéficiaires de l'aide au développement au niveau local n'ont guère leur mot à dire sur les politiques d'assistance qu'ils reçoivent, en dépit des proclamations vantant le contraire, et encore moins sur le montant des enveloppes qui leur sont consacrées.

Et ce n'est pas tout. Un volet des politiques de soutien au secteur agricole consiste parfois pour les états, ou l'Union Européenne par exemple, à acheter aux producteurs, au prix garanti, des parts de leur récolte ou de leur production qu'ils n'auront pu écouler sur le marché. Ensuite, la main sur le cœur et l'œil sur le dernier sondage d'opinion, les autorités nouvellement propriétaires de ces stocks vont montrer leur compassion en faisant cadeau de ces produits, dont elles ne savent que faire et qui sont coûteux à conserver longtemps, à quelques pays pauvres. Pour les producteurs de ces pays, c'est la double peine. Non seulement ils ne pouvaient pas vendre leur production à l'exportation à cause des marchés subventionnés du Nord, mais désormais ils ne peuvent même plus escompter les vendre localement sur un marché inondé de produits gratuits. Le don est une belle chose, mais qu'il faut manier avec grande précaution. Par exemple en ciblant précisément les populations trop pauvres pour acheter même au prix du marché local, mais pas celles qui en achetant assurent la survie déjà souvent difficile des producteurs du pays. Aux Etats-Unis, le Département de l'Agriculture donna ainsi en 2016 cinq cents tonnes de cacahuètes à Haïti, avec l'intention louable d'aider à nourrir 140.000 enfants pauvres risquant la malnutrition. Mais ce don représente une menace pour les planteurs de cacahuètes haïtiens, qui doivent déjà se débattre pour écouler leur production sur le marché local, aidés en cela par—faut-il apprécier l'ironie ou condamner la myopie administrative ?—la Fondation Clinton et l'Agence Américaine pour l'Aide Internationale au Développement. Toutefois si le Département de l'Agriculture voulait placer ces cinq cents tonnes, c'est qu'il en avait accumulé 113.000 en surplus de production, qu'une loi absurde, la *Farm Bill* de 2014, lui a fait obligation d'acheter aux producteurs à un prix supérieur au marché, après avoir poussé les planteurs du Sud du pays à augmenter leurs rendements. Le contribuable américain, qui pour l'immense majorité gagne bien moins qu'un planteur de cacahuètes, va ainsi payer plus d'un milliard de dollars entre 2014 et 2018 pour financer ces achats et les frais d'entreposage qui vont avec. Miracle de l'efficacité des lobbys et de la perversion d'un système censé privilégier la prise de risque et la libre entreprise.

Il doit être possible d'inventer une utilisation plus efficace des sommes allouées jusqu'ici au soutien de l'agriculture dans les pays développés, en les consacrant peut-être davantage à la transformation ou à la reconversion des entreprises du secteur plus qu'à la pérennisation de situations sans lendemain, en veillant naturellement à l'accompagnement financier de tous les acteurs de la filière. Qu'en France même nombre d'éleveurs et de producteurs soient dans l'impossibilité de gagner leur vie décemment malgré l'importance des subventions sectorielles témoigne assez de l'absurdité d'un système qui ne sert probablement plus que ceux qui en ont le moins besoin. Certes, l'accord obtenu par l'Organisation Mondiale du Commerce à Nairobi en 2015 sur l'abolition des subventions aux exportations agricoles a planté un important jalon sur la bonne voie, mais le chemin promet d'etre long.

EN TOUTE HONNÊTETÉ, et malgré les critiques récurrentes dont elles sont l'objet, les Banques de Développement se soucient plus sérieusement de l'impact sur les populations des réformes qu'elles promeuvent que ne veulent bien le reconnaître leurs détracteurs. Mais il faut aussi garder à l'esprit qu'en cherchant, sincèrement, à proposer des changements utiles dans l'organisation économique de leurs pays clients, elles font fréquemment face à deux obstacles, je devrais dire deux égoïsmes, apparemment antagonistes mais en réalité convergents.

D'un côté, et il faut le reconnaître sans fard, l'immobilisme intéressé des privilégiés des systèmes en place. Car aussi pauvre que soit un pays, aussi inefficace que soit un système, il engendre toujours sa caste de profiteurs, qui vivent précisément à l'abri des insuffisances, des opacités, des incompétences, des complicités des administrations régnantes. Sachons aussi dire qu'en matière de culture, ce n'est pas le coton, ni le café, ni le cacao, ni le sisal, ni le riz, ni aucun autre fruit ni céréale, qui mobilise le plus les énergies de trop nombreux pays de par le monde—et ici pas de distinction à faire entre Nord et Sud—c'est la rente. La culture de la rente. La recherche, la croissance, la protection de la rente. Le malheur, le grand malheur des pays encore en développement aujourd'hui, et surtout des plus pauvres, c'est que la culture de la rente assèche toutes les opportunités, porteuses de bien plus d'avenir et de bien-être pour le grand nombre que n'en assure la rente de quelques-uns, mais qui supposeraient qu'on y touche. Et ces quelques- uns, trop souvent soit gouvernent, soit sont en mesure de dicter aux gouvernants les politiques à suivre. Qui plus est, fréquemment les défenseurs de la rente habillent leur argumentaire d'une phraséologie nationaliste, voire ethnicisée—*l'africanité*, par exemple—pour défendre au nom des traditions des privilèges qui n'ont de traditionnel que l'exploitation immémoriale des faibles par les puissants, le détournement des ressources au profit de quelques-uns aux dépens du plus grand nombre.

De l'autre, et il faut le reconnaître aussi, le prosélytisme laborieux des professionnels du libéralisme de laboratoire, personnels des Banques de Développement y compris, qui, par conviction ou obéissance, et soutenus par l'hypocrisie muette des grands pays « *de référence* », assènent leurs démonstrations modélisées à des auditoires partagés entre l'hésitation timide mais pleine de bonne volonté des réformateurs en puissance, et la commisération goguenarde des rentiers installés, aussi au fait de la logique du discours que foncièrement déterminés à n'en rien entendre. Car, pour ce qui est de l'hypocrisie, le libéralisme que l'on prêche, et dont je crois pour ma part au bien-fondé quand il est équilibré, n'est trop souvent qu'à sens unique.

De fait, rentiers et prosélytes libéraux, de par le monolithisme de leurs arguments, se renforcent les uns les autres, rendant ainsi souvent improbable un dénouement raisonnable fondé sur la remise en cause des organisations économiques les plus contestables, accompagnée des mesures de transition nécessaires pour que le changement se fasse en protégeant les populations les plus vulnérables. Quand elles sont prises, de telles décisions sont généralement le fait de dirigeants admirables, visionnaires ou simplement honnêtes et courageux, qui acceptent d'affronter la colère des rentiers toujours, et l'insatisfaction des prosélytes parfois, frustrés que l'harmonie de leur modèle soit entachée de concessions hérétiques qui ne sauraient qu'en amoindrir l'efficacité. A croire que les idéologies globalisantes se révèlent fatalement totalitaires, sinon leurs prophètes, du moins leurs apôtres.

En la matière, le travail des Banques de Développement consiste à trier entre les mauvaises excuses et les bons sentiments, pour aider les responsables de bonne foi à définir et mettre en œuvre des politiques économiques au service de l'ensemble de leurs populations, au risque assumé de mécontenter à la fois les profiteurs enkystés et les théoriciens intégristes. En règle générale, les seconds sont tout compte fait moins dangereux que les premiers, car les théoriciens passent, parfois leurs théories avec, mais les premiers demeurent, et défendent bec et ongles leurs fromages, avec un respect mitigé pour l'Etat de droit et ses aventureux représentants. C'est encore un autre aspect que nous devons garder en tête quand nous cherchons à convaincre nos interlocuteurs de la validité de nos suggestions : s'ils les suivent, nous partirons, mais ils devront vivre avec, au risque souvent de leur poste, voire parfois davantage. Ici moins encore qu'ailleurs, les conseillers ne sont jamais les payeurs. Nous nous devons donc de mesurer avec eux toutes les conséquences de ces choix, délaissant la théorie pure pour des considérations plus terre à terre, où se doivent peser, outre les bénéfices escomptés des mesures économiques, leur impact sur le jeu des solidarités familiales, villageoises, tribales, qui sous-tendent le fonctionnement de tant de sociétés traditionnelles.

C'est une occasion rare, mais il arrive parfois que des spécialistes techniques des Banques de Développement soient directement consultés par des chefs d'états, sans passer par le filtre protocolaire habituel. Je me suis trouvé dans cette situation à Madagascar, lors d'une visite présidentielle au port de Toamasina, anciennement Tamatave. A l'entrée du port, au moment d'entamer la visite, Marc Ravolomanana, alors Président de la République Malgache, me demande ainsi de monter dans sa voiture. Lui-même s'assoit devant, à côté du chauffeur, et je prends place à l'arrière, à côté du Directeur Général du port, mon interlocuteur habituel. Puis la limousine démarre, et se tournant vers moi, le Président demande :

-Expliquez-moi le port.

Ces moments-là sont à gérer comme une ressource des plus rares, car aussi précieuse que fugace. Au cours des quinze à vingt minutes qui vont suivre, c'est l'occasion de délivrer des messages qui permettront peut-être de faire avancer plus vite des dossiers qui traînent, mais c'est aussi le moment de cimenter des alliances nécessaires, plutôt que de livrer aux puissants des victimes expiatoires. A côté de moi, je sens le Directeur Général crispé. Nous avons eu des différends sur des options de modernisation, sur des programmes d'achats d'équipements, mais je le tiens pour un professionnel compétent. J'essaie de choisir au mieux les mots, de mettre l'accent sur les dynamiques positives, de suggérer les évolutions techniques souhaitables tout en soulignant les efforts accomplis par la direction en place malgré les difficultés conjoncturelles, de proposer enfin des actions de développement que la Banque, naturellement, serait heureuse de soutenir. A la fin de la visite, le Président me remercie. Le Directeur Général gardera son poste.

Peut-être serait-il opportun de souligner que l'action des Banques, pour déboucher sur la moindre mesure de succès, doit s'appuyer sur deux éléments malheureusement trop souvent absents des cursus universitaires qui font les bons technocrates : le bon sens et l'humilité. En montrons-nous toujours assez ? Sans doute pas.

LE CIEL de cette fin d'hiver est lumineux, ce 1er Septembre, à Pretoria. Depuis déjà plus d'un siècle, les Union Buildings, sur la colline au nord de la ville, dominent de leur architecture au parfum de renaissance italienne la capitale de l'Afrique du Sud. En créant l'Union Sud-Africaine en 1910, les Britanniques distribuèrent les lieux de pouvoir à travers cet immense territoire, distinguant ainsi trois capitales et trois provinces parmi les neuf qui constituent aujourd'hui le pays. Si le siège du pouvoir exécutif, le Président et le Gouvernement, demeure toujours dans les Union Buildings à Pretoria, dans la province de Gauteng, le pouvoir législatif incarné par l'Assemblée Nationale et le Conseil National des Provinces tient séance dans la ville du Cap, dans la province du Cap Occidental, tandis que la Cour Suprême, expression ultime du pouvoir judicaire, est installée à Bloemfontein, dans l'ancien Etat Libre d'Orange. La province de Gauteng abrite aussi la capitale économique de fait, Johannesburg, où siège également la Cour Constitutionnelle.

La multiplicité des places de pouvoir tempère ainsi le caractère plutôt centralisé du pays, et ancre la gouvernance institutionnelle plus solidement dans le tissu économique et social de la nation arc-en-ciel voulue par Nelson Mandela. Ce souci d'équilibrage géographique sous-tendant l'équilibre des pouvoirs contribue certainement ainsi à renforcer la stabilité des institutions en évitant le syndrome de la capitale toute-puissante monopolisant l'attention des acteurs politiques et économiques, parfois au détriment du reste du territoire national. C'est probablement aussi une composante de ce qu'il est dorénavant convenu d'appeler la bonne gouvernance.

Après la fin de la guerre froide et la chute du mur de Berlin, la recomposition du paysage géostratégique sembla d'abord autoriser les plus grandes espérances. Une vague d'optimisme général ouvrit alors les vannes des métaphores définitives, fin de l'Histoire, dividendes de la paix, concorde universelle. Sur le front du développement, on remettait aussi les pendules à l'heure. Débarrassées du rôle inavoué mais bien réel de soutiers ancillaires du monde occidental dans le conflit sous-jacent avec l'empire soviétique, les institutions financières internationales affichaient des critères se voulant résolument apolitiques pour guider leurs interventions : dorénavant, bonne gouvernance et démocratie seraient la dualité cardinale qui présiderait aux décisions de soutien aux économies nationales.

Pour rendre opérationnelle cette rafraichissante bonne volonté, encore fallait-il définir précisément ce dont on parlait. La démocratie, c'était assez clair, au moins dans le principe. La bonne gouvernance, cela demandait un effort d'investigation. Parmi les différents aspects du concept, un élément en particulier retint assez vite l'attention. Pour la première fois depuis des décennies, on allait ouvertement parler de la corruption.

Le 21 Novembre 1997, l'OCDE adoptait la *Convention sur la lutte contre la corruption d'agents publics étrangers dans les transactions commerciales internationales*. Avant cette date, les pays membres faisaient ce qu'ils pouvaient pour accompagner leurs entreprises sur les marchés extérieurs où « *payer pour jouer* » était devenu une obligation récurrente. Ainsi, à Paris un discret bureau du Ministère des Finances, rue des Dames dans le 17ème arrondissement, recevait les entreprises soumises à ce qu'il fallait bien appeler un racket pour qu'elles y déclarent les montants qu'elles devaient verser lors de la négociation de leurs contrats, afin de pouvoir ensuite les compter valablement comme dépenses d'exploitation dans leurs comptes officiels. Après la signature de la Convention de l'OCDE, qui entra en vigueur le 15 Février 1999, tout ceci disparut.

Est-ce à dire pour autant que la corruption disparut aussi ? Dans la pratique, on constata surtout un effet d'habillage. Dans la plupart des cas, l'entreprise soumissionnaire se voyait désormais fortement suggérer de prendre un spécifique associé local, ou sous-traitant, typiquement pour des prestations d'appui logistique. L'entreprise passait alors un contrat officiel avec le partenaire local « *recommandé* », et tout était donc fait dans les règles, apparemment en toute transparence. A ceci près que le partenaire en question soit ne rendait en réalité aucun service, soit les surfacturait considérablement, son rôle officieux consistant à redistribuer la manne auprès des fonctionnaires locaux. On était donc surtout passé d'une corruption clandestine basée sur des transferts en espèces sonnantes et trébuchantes à une corruption contractualisée.

Au même moment, la Banque Mondiale, aussitôt suivie par les autres institutions multilatérales, dénonçait officiellement la corruption comme un obstacle majeur dans la lutte contre la pauvreté et pour une croissance équitable au bénéfice de tous. Elle mettait simultanément en place des dispositions permettant d'identifier plus aisément les épisodes problématiques, assorties de sanctions à l'encontre des administrations s'engageant dans des pratiques douteuses comme des prestataires privés impliqués dans ces transactions, sanctions allant de l'annulation des prêts pour les unes à l'exclusion temporaire ou définitive des contrats financés par la Banque pour les autres.

C'était effectivement une petite révolution. Jusqu'au début des années 90, la corruption était un sujet tabou dans le monde du développement. On semblait s'accommoder par défaut de cette fatalité qu'une partie des fonds consacrés à l'aide économique disparaissait systématiquement dans les poches de politiciens et de fonctionnaires plus soucieux de leur bien-être matériel immédiat que de l'amélioration des conditions de vie des populations qu'ils étaient censés servir. Un des premiers à briser cette passivité résignée fut un ancien manager de la Banque Mondiale, Peter Eigen, qui fonda en 1993 *Transparency International*, une organisation non gouvernementale dédiée à promouvoir transparence et responsabilité dans les financements internationaux, en particulier à destination des pays en développement. Un des premiers résultats de l'organisation fut la publication, en 1995, du premier Indice de Perception de la Corruption, recensant alors quarante-cinq pays. L'édition 2019 en couvre désormais cent quatre-vingt, allant d'un trio de tête regroupant Danemark, Nouvelle-Zélande et Finlande à une queue de peloton formée par la Syrie, le Soudan du Sud et la Somalie. Parmi les nations dites développées, les Etats-Unis et la France se classent 23ème ex-aequo. On remarque aussi d'intéressantes nuances entre territoires voisins, comme ainsi de Hong Kong classé 16ème par rapport à la Chine continentale, classée 80ème. Clairement, *Transparency International* ne fait pas de politique.

Un des premiers enseignements de l'Indice, toutefois, revient à constater que la corruption dans les marchés publics n'est pas, et de loin, une spécialité des pays en développement. Lors d'une étude sur la corruption dans le secteur des travaux routiers, la Banque Mondiale a ainsi pu documenter des problèmes récurrents de collusion et de cartels dans nombre de pays de l'OCDE, qui perdurent bien après l'adoption de la Convention de 1997[10]. Sur ce point, difficile d'avancer que les bienfaits de l'économie de marché fassent toujours l'économie des entourloupes sur les marchés. Nul n'est prophète en son pays, dira-t-on.

Mais enfin, les choses allaient donc changer, du moins était-ce la promesse des Banques Multilatérales. De fait, les enquêtes et les instructions décollèrent, et les sanctions suivirent. Avec l'avènement du vingt-et-unième siècle, nous étions bien entrés dans un nouveau monde.

Enfin presque. Car au fil du temps, il devint difficile de ne pas remarquer quelques étrangetés. Alors que certains pays voyaient s'abattre sur eux la panoplie intégrale des sanctions annoncées, d'autres nations, pourtant notoirement loin d'offrir un panorama bucolique en matière de transparence et d'intégrité sur les marchés publics, demeuraient étonnamment épargnées par les procédures inquisitoriales des Banques. Il faut dire que dix ans après les envolées oniriques de la fin de la guerre froide, le lyrisme universel s'était quelque peu embourbé dans les plates-bandes d'une actualité revancharde et déprimante. La fin de l'Histoire remisée au magasin des accessoires, les dividendes de la paix versés sur la réserve statutaire d'une humanité saisie par le doute, la concorde universelle provisoirement inscrite à l'inventaire des espoirs en souffrance, dernière étape avant le cimetière des illusions perdues—le retour au réel était brutal.

Alors que fallait-il penser de ces variations dans les efforts pour punir la mauvaise gouvernance ? Indulgence ou complaisance ? Caprice ou nécessité ? Comment pouvait-on justifier de se montrer, quasi-simultanément, intraitable avec le Bangladesh, mais compréhensif avec le Pakistan, sans pitié pour les Philippines, mais indulgent avec le Nigeria ? Précisément, on ne justifiait pas. Sans doute pouvait-on supposer qu'encore une fois, les impénétrables chemins de la haute géopolitique interféraient malencontreusement avec la bonne volonté des institutions internationales de développement, qui après tout obéissent à leurs actionnaires majoritaires, encore aujourd'hui le groupe des pays développés. Sans doute pouvait-on penser que les impératifs de la coopération contre le terrorisme, comme le souci de ménager des sources de matières premières stratégiques, infléchissaient l'ardeur des nouveaux chevaliers de l'intégrité. Quoi qu'il en soit, si le filtre des préférences s'était renouvelé, ses manifestations n'avaient pas disparu.

Se posait ensuite le critère absolu : y aurait-il un seuil maximal de corruption au-delà duquel il fallait s'interdire d'intervenir ? Devait-on, par exemple, bannir les pays tombant en dessous de 25, ou de 20, sur l'échelle de l'Indice de Perception de la Corruption allant de 0 à 100 ? Fallait- il, en attendant des jours meilleurs, abandonner à leur sort le Tchad, le Yémen, Haïti, l'Afghanistan, parmi les pays formant la queue de classement de l'indice 2019 ? Si la question n'a en fait jamais été abordée formellement dans ces termes, elle l'a été ponctuellement, lors de la découverte de détournements ou de falsifications par trop exorbitants. Toutefois les mesures prises se sont généralement limitées à l'annulation de prêts, voire dans certains cas extrêmes à la suspension temporaire des nouveaux engagements. Le débat porte toujours alors sur les conséquences d'un retrait total de l'institution sur les conditions de vie de ceux-là mêmes qui sont sa raison d'être, les plus pauvres. Et jusqu'à présent, il a toujours été tranché de la même manière : il vaut encore mieux rester pour préserver ce qui peut l'être, et continuer à tenter d'améliorer, pas à pas, jour après jour, avec prudence et détermination, le cadre de la gestion publique.

Une approche pratique de cette philosophie, partant du principe que plus les gouvernements sont pléthoriques, plus les risques de dérapages sont élevés, consiste à promouvoir des équipes réduites à la tête des états. Cependant, comme le montrent assez les tractations au sein même des exécutifs européens, où la chasse au maroquin demeure ouverte en toute saison, c'est un objectif plus propice à l'exégèse qu'à l'exécution. Un de mes collègues de la Banque en mission en République Fédérale Islamique des Comores eut ainsi l'occasion de tenter de prêcher la bonne parole. Les Comores sont formées politiquement de trois îles, géographiquement de quatre, mais Mayotte ayant voté en 1976 pour rester dans la République Française, ce sont la Grande Comore, Anjouan et Mohéli qui ensemble deviendront la nouvelle nation comorienne. Une nation donc, mais trois îles, qui chacune auront leur propre exécutif, en plus de l'exécutif fédéral. Interrogé par le journal local sur son évaluation de l'efficacité des institutions comoriennes, mon collègue fit alors remarquer que si l'on appliquait le ratio du nombre de ministres par rapport à la population des Comores à la Chine, on aurait à Beijing trois millions de ministres. Aux dernières nouvelles, les quatre gouvernements comoriens se portent bien.

Si policer la gouvernance présentait donc ainsi des complications, que dire du critère démocratique ? Dès l'abord, conjuguer apolitisme et promotion de la démocratie comme modèle de gouvernement ne va pas sans friction. Ensuite, comment définir le standard d'appréciation ? Plus qu'autre chose, c'est le progrès vers plus de démocratie, la voix donnée à la population pour participer aux choix de développement, qui demeurera le meilleur étalon de jugement. Mais dans les faits, il s'avérera bien difficile de rationaliser cette approche. Bien simplement, une revue du portefeuille d'opérations de la Banque Mondiale montre qu'en dépit des bonnes intentions annoncées, il n'est pas aisé, pour une institution globale, de cesser tout commerce avec les autocrates. Hormis Cuba et la Corée du Nord, les deux seuls pays encore non membres aujourd'hui du Groupe de la Banque Mondiale, on trouve ainsi parmi les clients de l'organisation à peu près toutes les dictatures, avouées ou inavouées, de la planète, à commencer par une des plus répressives d'entre elles, la Chine.

Pourtant, la Chine n'a pas besoin de l'argent de la Banque. En laissant aimablement croire qu'elle souhaite néanmoins profiter de ses conseils, et même encore emprunter à l'occasion—la Chine a longtemps été le premier emprunteur de la Banque, et reste parmi les tous premiers, coude à coude avec le Mexique, la Turquie, l'Inde et le Brésil—elle permet à l'institution, dont elle est le troisième plus important actionnaire après les Etats-Unis et le Japon, de maintenir à niveau ses revenus et de conserver sa position de seul acteur vraiment global sur le front du développement économique. Pour ce qui est de la démocratie, on échange des sourires, politesse asiatique oblige, et on parle d'autre chose. Il faut croire qu'en économie comme en politique, la raison du plus fort abolit les principes et rabote les consciences. Quoique puissent en dire les moralistes de salon, sans doute conviendrait-il un jour de modérer les affirmations grandiloquentes d'une philosophie politique dont nous n'avons plus les moyens de satisfaire les exigences.

LA BONNE GOUVERNANCE, c'est aussi donner l'exemple. Entretenir avant d'investir, conserver avant de dépenser, exploiter mieux pour renouveler moins. Or une des plus grosses dépenses d'infrastructure, pour un gouvernement, ce sont les routes. Les Banques de Développement font donc de l'entretien routier une pierre d'angle de l'assistance au secteur. A bon droit : une étude menée par la Banque Mondiale sur la période 1970-1989 a révélé que le coût des reconstructions de routes dans ses pays clients du fait d'un défaut de maintenance avait atteint quarante-cinq milliards de dollars, alors que les dépenses d'entretien qui auraient évité ces reconstructions dépassaient à peine dix milliards. Pratiquement un ratio de un à cinq qui ne devrait laisser indifférent aucun gestionnaire avisé de fonds publics. Sur une telle base, on pourrait s'attendre à ce que les pays développés donnent le la. Mais notre escapade sur le Long Island Expressway en début de chapitre relevait plutôt du signal d'alarme.

Aux Etats-Unis, la propre analyse de l'Agence Fédérale des Routes met en évidence que dans la moitié des états, les routes en mauvaise condition font entre vingt et quarante pour cent du réseau. Sans parler de Washington, la capitale du monde libre comme on dit là-bas, où le chiffre atteint quatre-vingt-seize pour cent. C'est à peine mieux—et plus inquiétant—pour les ponts. L'Agence relève ainsi que onze pour cent des ponts du pays sont structurellement déficients. En Août 2007, un pont sur le Mississippi à Minneapolis s'effondra lors de l'heure de pointe du soir, tuant treize personnes et en blessant cent quarante-cinq. Pourquoi un tel désastre ? Il y a deux réponses, l'une américaine, l'autre universelle. La réponse américaine, c'est l'allergie à l'impôt. La taxe sur les carburants, qui nourrit le fond fédéral d'entretien des routes, fut augmentée pour la dernière fois il y a plus de vingt ans. Aux prix moyens de vente actuel, elle pointe à neuf pour cent. En conséquence, alors qu'il faudrait quarante-cinq milliards par an pour entretenir le réseau routier du pays, on en dépense seize. Sur ce plan, l'Europe est mieux lotie. Ainsi en France, où la taxe sur les carburants atteint soixante-deux pour cent pour l'essence, l'automobiliste peut raisonnablement penser qu'il paie suffisamment pour l'entretien du réseau. Mais si la situation est longtemps restée bonne, elle pourrait vite se détériorer, du fait de la dévolution d'une très large partie du réseau aux collectivités locales, gérées par des élus. Car la réponse universelle, c'est la tyrannie du ruban.

Des deux côtés de l'Atlantique, et en réalité au Nord comme au Sud, un élu adore inaugurer. Il faut avoir vu deux maires se disputer la primeur de la cérémonie d'ouverture d'une passerelle sur la rivière bordant leurs deux communes pour mesurer l'intensité de l'enjeu. L'inauguration prépare l'élection, l'entretien prépare le chagrin. Alors quand il faut choisir entre investissement neuf et maintenance, entre une nouvelle section routière et le curage des fossés, les fossés n'ont pas la cote. Et dans le contexte hexagonal de la réduction drastique de la contribution de l'état aux budgets des collectivités, il faut craindre des soucis à venir quant à la qualité de la maintenance du réseau.

Pour aider à la constitution des ressources nécessaires au bon entretien des routes dans les pays en développement, les institutions financières internationales ont longtemps promu l'établissement de fonds dédiés, alimentés par une redevance d'usage agrégée par commodité aux prélèvements fiscaux sur les carburants. Sans constituer une formule miracle, ces arrangements rendent seulement un peu plus compliqué le détournement de ces ressources pour d'autres usages, sans toutefois les prévenir entièrement. Rien ne remplace la volonté déterminée d'un gouvernement pour assurer la sauvegarde des actifs publics, et les routes, comme nous l'avons vu, sont parmi les plus précieux.

Cette détermination sera d'ailleurs d'autant plus nécessaire que le détournement progressif des carburants fossiles au profit des énergies renouvelables va mécaniquement ruiner cette construction comptable. Les pays qui tirent aujourd'hui des revenus importants des taxes sur les produits pétroliers, en particulier par le biais de la fiscalité automobile, vont devoir réviser de fond en comble leur modèle budgétaire. Paradoxalement, ceux qui paraissent actuellement les moins raisonnables, soit qui n'incluent pas dans le prix des carburants le coût réel d'usage de la route, comme les Etats-Unis, soit qui vont même jusqu'à subventionner l'essence pour rendre le transport meilleur marché comme certains pays en développement, seront moins touchés par cette évolution. Il n'en demeure pas moins qu'il leur faudra asseoir leur politique d'entretien des infrastructures routières sur de nouvelles normes probablement axées sur la consommation réelle de transport, le kilométrage effectivement parcouru par exemple, que les avancées technologiques dans les communications mobiles rendent désormais possibles à définir et à mettre en œuvre.

Dans l'intervalle, sur le terrain les populations concernées savent aussi s'organiser. Avec parfois un peu d'aide des agences de développement, les villageois prennent en main eux-mêmes l'entretien des pistes rurales qui sont indispensables à leur organisation collective et aux relations avec les communautés voisines. Dopées par un peu de planification et de renouvellement du matériel, les équipes de cantonniers autodidactes font des merveilles. Des pelles, des brouettes et de l'huile de coude : loin des approches sophistiquées des systèmes ambitieux, et certainement utiles, de rationalisation de la maintenance routière, des femmes et des hommes se prennent par la main pour entretenir leur bien public le plus important, leur lien avec le monde au-delà de leur village. C'est sur une de ces pistes que je me trouvai un soir, à une cinquantaine de kilomètres d'Abidjan. Nous revenions d'une visite de supervision sur un projet de routes rurales, et notre chauffeur s'était arrêté à la sortie d'un village, pour récupérer quelques provisions. En l'attendant, je déambulai sur la piste, admirant le début du crépuscule. Devant moi le ciel se travestissait de nuances infinies, du bleu encore clair au carmin profond, et le spectacle était magnifique. « *Les couleurs sont les souffrances de la lumière* », disait Goethe. Fallait-il qu'elle souffre, la lumière, dans ce ciel d'Afrique, pour nous offrir cette orgie de déchirures mordorées, de blessures rougeoyantes, de zébrures affolées. C'est alors qu'elle apparut. Une jeune femme, peut-être une jeune fille, le bras tendu au-dessus d'elle pour assurer l'équilibre du seau d'eau qu'elle portait sur la tête. Dans la pénombre grandissante je ne distinguai pas son visage, juste ses mouvements, sa démarche fragile, presque vacillante parfois, comme amenuisée par le poids de son fardeau. Elle traversa la piste, s'éloigna de moi sur la droite, puis disparut entre deux cases. Son passage furtif, silencieux sous ce ciel embrasé, semblait illustrer le destin du continent. Tant d'espace, tant de luttes, tant d'opiniâtreté, pour une vie difficile, courageuse, et si vulnérable. Quand nous reprîmes la route, je me retournai, mais ne vis plus que le silence.

Quand le ciel devient rouge à l'horizon, je revois souvent cette apparition presque fantomatique, cette silhouette en pointillé, glissant sur l'ombre entre le jour qui meurt et la nuit qui monte, comme une incomplète incarnation.

---

1. *Le régime administratif et financier des ports maritimes*, par Jean Grosdidier de Matons, Librairie Générale de Droit et de Jurisprudence, 1969

2. En valeur 2020, près de 3 milliards de dollars. Cela représentait un tiers de la capacité de prêt de la Banque Mondiale en Juin 1947.
3. *The economics of innocent fraud*, John Kenneth Galbraith, Houghton Mittlin Company, 2004.
4. *Time to rethink privatization in transition economies ?* John Nellis, International Finance Corporation, 1999
5. *Voyage aux pays du coton – Petit précis de mondialisation*, Erik Orsenna, Fayard 2006.
6. *Politiques Agricoles – Suivi et Evaluation* 2012, OCDE 2013.
7. *The National Review*, Windsor Mann, August 31, 2015.
8. *An Inquiry into the Nature and Causes of the Wealth of Nations*, Adam Smith, 1776.
9. *Development Assistance Committee Report*, OECD 2013.
10. *Curbing Fraud, Corruption, and Collusion in the Roads Sector*, World Bank 2011.

LES MARRONS DU FEU

La tiédeur ensommeillée des salons d'aéroport, au petit matin. Les pas lents des arrivants, les bâillements des assis. Seules actives dans ce décor au ralenti, les serveuses qui apportent les plateaux de croissants sur le buffet en libre-service. Trêve inattendue, étonnant silence avant le déferlement des transhumants professionnels. Pour un peu on se croirait revenu au temps où les téléphones portables n'existaient pas encore, quand on pouvait par défaut supposer les voyageurs rompus à l'élégance de la discrétion.

Après tant de voyages, demeure la seule question qui vaille, quel progrès, et pour qui ? Pour revenir au début de notre itinéraire, le monde devient-il plus équitable ? Richesse et inégalités continuent-elles de croître en parallèle, et malgré tout serait-il possible de rendre chacun moins pauvre ? Surtout, quelle place pour la richesse dans un monde si violemment déchiré entre ceux qui ont beaucoup, ceux qui ont peu et ceux qui n'ont rien ?

Pour rester à l'écart du fantasme comme du cliché, il faut se détourner de la scène médiatique où la courte vue et la généralisation hâtive préparent le brouet quotidien servi sous prétexte d'information aux consommateurs d'actualités fraîches ou réfrigérées. On a ainsi entendu d'un candidat à l'élection présidentielle française, ensuite devenu président, « *Je n'aime pas les riches*». On entendit ensuite d'un candidat à l'élection présidentielle américaine, lui aussi ayant accédé à la magistrature suprême, pour principal argument de campagne « *Je suis très riche* ». Myopie suffisante, suffisance aveugle. Les riches de la planète ne forment pas une catégorie sociale homogène, qu'il conviendrait d'admirer ou de mépriser selon nos penchants idéologiques. Et la richesse elle-même ne saurait être en soi une démonstration de valeur.

En revanche, autant l'extrême pauvreté est une malédiction, autant la richesse est une responsabilité. Tout dépend donc de ce qu'on en fait. Or aujourd'hui les fondations privées, souvent la création d'entrepreneurs ayant fait fortune grâce à leur talent propre, sont devenues des acteurs importants de l'aide au développement. Et ce pour une raison simple : alors que l'écrasante proportion de l'aide officielle au développement se fait sous forme de prêts, même quand ils offrent des conditions très concessionnelles, les fondations font des dons. Donc pas de procédure complexe de mobilisation de garantie, souveraine ou bancaire, pas de gestion papivore des flux de remboursements, pas de frais de gestion pour les bénéficiaires. De plus, les sommes en jeu sont devenues très conséquentes.

La *Bill and Melinda Gates Foundation* dispose ainsi d'un capital de quarante milliards de dollars et fait environ pour quatre milliards de dons annuellement dans plus d'une centaine de pays. Depuis le début des activités de la fondation en l'an 2000, elle a déboursé à ce jour plus de trente-six milliards de dollars. *Bloomberg Philanthropies*, l'organisation caritative de l'ancien maire de New

York Michael Bloomberg[1], qui fit sa fortune dans l'information financière, distribue près de cinq cents millions de dollars par an à travers le monde. Les programmes financés par la *Carlos Slim Fundacion* ont déjà bénéficié à près de trente millions d'individus, depuis le Mexique jusqu'à travers toute l'Amérique Latine. L'*Aga Khan Foundation*, en activité depuis plus de cinquante ans, a essaimé bien au-delà de la communauté ismaélienne et consacre environ six cent millions de dollars par an à ses actions d'aide au développement dans une trentaine de pays. Des dizaines d'autres fondations du même type sont actives aujourd'hui sur la planète et jouent un rôle capital dans la lutte contre la pauvreté et l'exclusion. Toutes sont l'exemple de la richesse de quelques-uns mise au service du plus grand nombre. Et qu'il me soit permis de penser que cette mobilisation privée s'avère à coup sûr infiniment plus efficace que les mécanismes de confiscation étatiques, mis en œuvre à grand renfort de prétention à la justice sociale et de solidarité grandiloquente, mais qui finissent surtout par financer des bataillons de fonctionnaires-électeurs et de syndicalistes professionnels de l'inertie permanente.

Par ailleurs l'exemple de ces engagements suscite aussi d'autres vocations parmi les plus fortunés. Ainsi Warren Buffet, troisième fortune mondiale avec plus de soixante milliards de dollars, a-t-il annoncé en 2006 qu'il ferait don de toute sa richesse à des œuvres charitables, dont 85% à la *Bill and Melinda Gates Foundation*. Cette donation demeure la plus large jamais faite aux Etats-Unis à ce jour. Bill Gates et Warren Buffet ont également lancé en 2010 l'initiative *The Giving Pledge*, incitant des individus aisés à s'engager à donner, de leur vivant ou après leur disparition, plus de la moitié de leur fortune à des actions philanthropiques. A ce jour deux cent vingt-quatre engagements ont été enregistrés, venant de vingt-sept pays[2].

Quand elle est judicieusement employée, la richesse répand la richesse. Des entrepreneurs audacieux développent des compagnies et créent des milliers d'emplois. Naturellement, ils seront récompensés pour leur audace, et les actionnaires qui les auront suivis également. Mais s'ils demeurent conscients de la responsabilité qui est désormais la leur, ils sauront aussi faire bénéficier de leur réussite le monde autour d'eux, et en particulier ceux qui n'auront peut-être pas eu leur chance ou l'occasion de la saisir. Les exemples ci-dessus ne sont que cela, des exemples, et il y aurait des centaines d'histoires à raconter, qui disent que la solidarité humaine existe aussi ailleurs que dans les discours usés des politiciens.

Il n'est pas nécessaire d'être milliardaire pour être riche. En vérité, on est toujours le riche de quelqu'un. En 1981 le nouveau gouvernement français promit ainsi de changer la vie en *«faisant payer les riches»*. Quand les feuilles d'imposition arrivèrent beaucoup découvrirent ainsi qu'ils étaient devenus riches à leur insu : le fisc, en renouvelant la notion selon la volonté du pouvoir, avait très largement démocratisé l'adjectif. Sans doute n'y avait-il pas malice à l'origine, et certains politiciens idéalistes—qu'on me pardonne l'oxymore—croyaient probablement de bonne foi qu'il y avait dans le pays assez de « vrais » riches pour qu'en les taxant davantage on puisse distribuer au plus grand nombre les fruits des lendemains qui devaient chanter. Hélas les chefs d'orchestre amateurs avaient mal lu la partition, il manquait de ténors pour pousser la note et de mécènes pour financer les estrades populaires. Plus simplement, il manquait les supposées fortunes cachées que des Machiavel au petit pied avaient cru bon de faire germer dans l'imaginaire d'un électorat déboussolé.

Chacun saura toujours bien déterminer où pour soi commence ou commencerait la richesse pécuniaire. C'est la capacité, quand on s'est assuré le niveau de vie qui nous convient, de pouvoir en plus s'offrir le superflu. Tout le monde ne souhaite pas forcément vivre dans un luxe hollywoodien, mais chacun sait le niveau de confort qui le libérera des contraintes les plus immédiates et procurera une existence paisible. La richesse, c'est ce qui vient en plus. Alors «*Je suis très riche*», «*Je n'aime pas les riches*»: argument stérile, proposition inepte.

IL FAUT ACCEPTER que pour l'immense majorité des habitants des pays pauvres, le moindre occidental soit riche. Et ceci même s'il ne remplit pas la condition précédente, car la définition du niveau de vie confortable dans ces pays reste souvent très en deçà de la nôtre, se limitant parfois à la satisfaction des besoins les plus essentiels, l'eau, un repas quotidien, un toit, un peu de lumière, la garantie que demain ne sera pas pire qu'aujourd'hui. Avec cela, tout deviendra possible, même le meilleur. Et le meilleur commence parfois avec très peu de chose.

C'est l'histoire d'un homme né en 1940 dans le village de Bathua, au Bangladesh, alors encore un dominion de l'Empire des Indes britannique. Il est le troisième dans une famille de quatorze enfants, dont neuf survivront. Son père fabrique des bijoux, avec succès, et sa mère trouve encore le temps d'aider les plus pauvres du village. Après de bonnes études secondaires il suit des cours d'économie à l'Université de Dhaka, puis obtient une bourse pour poursuivre ses études aux Etats-Unis, où il obtient un doctorat en 1971. C'est l'époque de la guerre de libération du Bangladesh, qui devient indépendant cette même année. Notre homme revient alors au pays et devient directeur du département d'économie de l'Université de Chittagong. En 1976, il découvre que dans le village de Jobra, près de l'université, des femmes qui fabriquent des meubles en bambou achètent leur matière première en s'endettant à des taux usuraires, qui les conduit à reverser tous leurs profits aux prêteurs. Les banques traditionnelles refusent de prêter à ces femmes qui constituent à leurs yeux un trop grand risque de crédit pour de trop petits engagements. Il décide alors de prêter lui-même vingt-sept dollars à chacune des quarante-deux femmes du village. Grâce à ce prêt, qu'elles remboursèrent intégralement, elles purent enfin dégager un profit. Muhammad Yunus venait de donner ses lettres de noblesse au microcrédit.

Après plusieurs projets pilotes Muhammad Yunus fonde en 1983 la Grameen Bank, littéralement Banque du Village en bengali, et étend ses activités à l'ensemble du pays. En 2007 la Grameen Bank aura prêté pour 6.4 milliards de dollars à plus de sept millions d'emprunteurs. Non sans d'ailleurs froisser quelques susceptibilités traditionnelles. Le clergé conservateur menaça ainsi les femmes qui empruntaient auprès de la banque de leur refuser des funérailles religieuses. De toute évidence il en fallait plus pour décourager ces intrépides, qui ont rapidement formé les plus gros bataillons de clients de la Grameen Bank. De fait, la banque a dès le départ privilégié la clientèle féminine, sans pour autant ostraciser leurs compagnons, même si plus de quatre-vingt-quatorze pour cent des prêts vont aux femmes. Les statistiques soulignent le bien-fondé de cette approche : si les défauts de remboursement demeurent très limités—de un à deux pour cent en moyenne—ils sont deux fois plus importants chez les hommes que chez les femmes[3]. Où l'on retrouve le rôle fondateur de la femme dans l'affirmation de son magistère social, énergie motrice irremplaçable et dynamique première du développement des peuples pour secouer le joug de la pauvreté chronique et des fausses fatalités historiques, malgré le corset des préjugés.

Le succès de l'entreprise ne s'est pas démenti avec le temps, avec des études d'évaluation montrant qu'au moins quatre-vingt-dix pour cent des emprunteurs avaient vu s'améliorer notablement leurs conditions d'existence[4]. Aussi la Grameen Bank a-t-elle fait des petits, plus de cent pays de par le monde ayant depuis mis en œuvre des programmes de microcrédit, y compris, entre autres pays développés, les Etats-Unis. En 2006 Muhammad Yunus et la Grameen Bank se sont vu conjointement remettre le Prix Nobel de la Paix, une première mondiale pour un citoyen du Bangladesh. D'un des pays les plus pauvres au monde est ainsi venu un message qui porte désormais des millions de personnes sur le chemin de l'espérance : avec un peu d'argent, un peu de confiance, et beaucoup de volonté, le meilleur est possible.

Mais le meilleur n'est jamais sûr. En Décembre 1984 le photographe Steve McCurry prend le cliché d'une jeune fille afghane. Ses yeux ardents fixent l'objectif avec une telle intensité que la volonté de vivre, le courage et le défi éclaboussent le papier. La photo fera la couverture de la revue *National Géographic* de Juin 1985. Vingt-deux ans plus tard, le photographe retrouve son modèle en Afghanistan. Tout ce qui faisait l'incroyable puissance de ses yeux verts a disparu. Reste un regard éteint derrière le rideau de la résignation. Le voile d'une vie volée.

Pourtant l'éducation des filles et l'émancipation des femmes demeurent la pierre d'angle d'un développement qui durera et d'une société qui s'épanouira sous toutes les latitudes. Il faudra sans relâche promouvoir ce principe et accompagner toutes celles, courageuses et volontaires, qui sauront transformer les communautés encore prisonnières de traditions mal comprises et d'interdits aveugles, pour le seul bénéfice d'oppresseurs obscurantistes. L'avenir de l'humanité toute entière, et sans doute sa survie, est à ce prix. Les intégrismes, qu'ils soient religieux ou politiques, relèvent toujours du même sectarisme fossilisé, fruit de l'incompréhension du monde et de la détestation du présent. Bien sûr le présent est loin d'être souvent aimable et comprendre le monde sans doute un objectif hors de portée, mais au moins faut-il savoir reconnaître qu'il est en mouvement. Or tout intégrisme est d'abord un immobilisme. Ce sont donc ces moules figés qu'il faut briser, ces lambeaux fantasmés d'un âge d'or idéal et d'un paradis perdu qu'il faut ramener sous le soleil et les ombres d'aujourd'hui.

Pour aller vers ce but, les sociétés occidentales ont proposé ce qu'elles pensaient devoir être une arme décisive: la démocratie.

MAURICE DE NASSAU n'avait peut-être pas le pied marin, mais le fils ainé de Guillaume d'Orange avait une marine. Quand cinq de ses navires abordèrent en 1598 sur une île déserte de l'Océan Indien, l'amiral les commandant décida de la nommer du nom de son suzerain. C'est ainsi que l'Ile Maurice reçut son nom d'un hollandais qui n'y mit jamais les pieds. Cependant les Bataves allaient s'en lasser vite et l'abandonnèrent aux Français qui, eux, s'y trouvèrent bien jusqu'à ce que les Anglais s'en mêlent. Ces derniers durent cependant subir une de leur rares défaites navales aux mains de la flotte française en Août 1810 lors de la bataille de Vieux Grand Port au Sud de l'île, avant de revenir par le Nord en Décembre, débarquant à Cap Malheureux le bien- nommé pour s'emparer de ce morceau de terre qu'on appelait alors l'Ile de France. Les britanniques ne la quitteront qu'en 1968 en laissant derrière eux une langue qui ne leur appartenait plus et une statue de la reine Victoria. Qu'elle soit encore debout devant l'Hôtel du Gouvernement à Port Louis témoigne assez de la bonté d'âme des Mauriciens. Heureusement pour l'Histoire et la reconnaissance de l'œuvre accomplie, François Mahé de la Bourdonnais, Gouverneur Général des Iles de France et de Bourbon et premier architecte du développement de l'Ile Maurice, demeure aujourd'hui debout face à la rade, tournant royalement le dos à la mégère couronnée.

Le pays devient officiellement une république le 12 Mars 1992. Et bien au-delà de l'image de carte postale entretenue à longueur de guides touristiques, Maurice s'avère une nation exemplaire à bien des égards. Si exemplaire même, malgré ses inévitables défis, qu'elle fit en 2011 l'admiration d'un Prix Nobel d'économie[5]. Et si Joseph Stiglitz se révèle si enthousiaste dans son appréciation, ce n'est pas seulement du fait de la seule performance économique, aussi remarquable soit-elle (le Produit Intérieur Brut par habitant est passé de moins de 400$ lors de l'indépendance en 1968 à près de 11.000$ en 2019), mais surtout à cause du succès de la politique d'intégration sociale d'une population nationale extrêmement diversifiée.

Le drapeau mauricien comporte quatre bandes de couleur rouge, bleue, jaune et verte. Si la symbolique officielle y reconnait respectivement le sang versé des esclaves, la couleur du ciel et de l'Océan Indien, la pureté et l'unité solaire, et enfin la nature luxuriante de l'île, on pourrait tout aussi bien y voir un reflet de la mosaïque culturelle et religieuse du pays. Il n'y a pas de religion officielle à Maurice, mais Hindous et Tamouls, Musulmans, Chrétiens et Bouddhistes y vivent en parfaite harmonie, dans un climat de tolérance qui pour une fois n'est pas un vain mot. Economie performante et cohabitation des cultures forment ainsi un alliage de société particulièrement résistant aux chocs extérieurs : avec moins de sept pour cent de la population vivant sous le seuil de pauvreté, et une statistique toujours décroissante, l'Ile Maurice affiche une enviable réussite sur le front de la cohésion sociale.

Ecrire que la démocratie mauricienne est dynamique ne saurait suffire à décrire sa vivacité. Disons plutôt que la politique y est un sport national dont les évènements majeurs sont toujours assurés de faire recette. Les campagnes électorales n'engendrent pas la monotonie et quelle que soit l'opposition du moment, on est assuré d'y entendre des « *bizin sanzman* » au délicieux parfum créole. En conséquence de quoi les partis et leurs coalitions variables se succèdent au pouvoir dans une harmonie institutionnelle remarquable. C'est l'exemple même d'une démocratie vivante et pacifique, qui investit dans sa population et adapte son économie aux changements du monde qui l'entoure en prenant garde de ne sacrifier personne. Mais si les politiciens font plutôt bien leur travail, c'est encore la population elle-même qui a depuis le début fait le plus difficile.

L'Ile Maurice vue du ciel raconte une histoire trop souvent occultée par les couchers de soleil magiques sur des plages inoubliables. Car ils sont nombreux, les Mauriciens, à ne pas oublier aussi ce qu'il fallut de travail et d'effort pour rendre cultivable une terre constellée de projections volcaniques. Sur les photos aériennes, les amas de roches soigneusement regroupées en bordure des champs sont le dernier témoignage d'un temps où il fallut, pierre à pierre, nettoyer le sol avant de pouvoir y planter la canne à sucre, le riz, ou le thé. Bien avant l'expansion touristique et aujourd'hui la croissance de l'industrie des services liés aux technologies de l'information, ces tas de pierres que l'on peut voir encore au bord des routes disent la détermination et l'ardeur de ceux qui savent ne devoir compter que sur eux-mêmes. Dès le jour de son indépendance, la démocratie mauricienne, que bien des Cassandre vouaient alors à l'échec, a tordu le cou aux oiseaux de mauvais augure qui imaginaient déjà son dépeçage en s'affirmant maîtresse de son destin et sans complexe vis-à-vis d'un colonisateur à l'hypocrite bienveillance. Car à ce jour encore, après cinquante-deux ans, le Royaume-Uni occupe toujours, en complète violation d'une loi internationale qu'il prétend défendre, les Iles Chagos, une dépendance de Maurice, après en avoir expulsé par la force les habitants et en refusant toujours leur retour. Serait-ce trop demander d'un ancien empire historique qu'il saisisse l'occasion, même avec retard, du cinquantenaire de l'indépendance de l'Ile Maurice pour mettre enfin, une fois ne sera pas coutume, ses actions en conformité avec ses principes et rende Chagos aux Mauriciens ? Serait-ce trop espérer du droit et de l'élégance, quand l'honneur galvaudé des vieilles nations va trop souvent patauger dans l'alambic des vanités moisies ? *Honni soit qui mal y pense.*

Maurice souhaite aujourd'hui devenir en quelque sorte le Singapour de l'Ouest de l'Océan Indien. Singapour, la ville qui devint un pays à la force du poignet. Une visite au musée historique de Sentosa nous apprend que c'est aussi le lieu qui vit la plus large reddition de forces sous commandement britannique de l'Histoire, quand l'aveuglement du commandement militaire de la place, persuadé que l'assaut japonais viendrait du Sud par la mer, laissa l'île complètement vulnérable à l'attaque terrestre qui vint du Nord. Sous le feu des canons installés sur la côte Sud de la Malaisie, et comme tant d'autres forteresses imprenables, Singapour tomba en une semaine, le jour du Nouvel An Chinois 1942. Quand les Anglais quittèrent l'île pour de bon en 1959, hormis les vestiges d'architecture coloniale du centre-ville le reste du territoire n'était pour la plus grande part qu'un cloaque insalubre où survivaient tant bien que mal plus d'un million et demi de Singapouriens. La volonté d'un peuple et la détermination visionnaire de quelques hommes allaient dramatiquement renouveler le destin du *Lion de Mer*[6].

Singapour est aujourd'hui un pays prospère de sept cent dix-neuf kilomètres carrés et de près de cinq millions et demi d'habitants. Sa transformation de confetti géographique en ville-état raconte une histoire exemplaire. Après un pas de deux incertain avec la Fédération Malaise, Singapour s'en sépare définitivement en 1965 et assume alors la complète souveraineté d'un pays démocratique. Mais c'est un pays où l'espace est la première rareté. Il fallait donc planifier son utilisation avec la plus grande circonspection. Ce sera la tâche prioritaire du premier gouvernement du nouvel état. Le planificateur en chef de l'époque, Liu Thai Ker, suivra cinq principes qui méritent d'être cités car ils vont bien au-delà de la seule planification urbaine, et pourraient constituer l'armature de toute politique nationale de développement : (i) *regarder loin pour agir maintenant*—c'est l'horizon à cent ans qui doit guider les choix d'aujourd'hui—car l'avenir va souvent plus vite que les prédictions ; (ii) *partir du plus grand pour penser le plus petit*—

c'est à l'échelle du pays tout entier qu'il faut réfléchir avant de se concentrer sur les unités locales—car c'est la cohésion de l'espace national qui en dépend ; (iii) *partir de la nature pour aller vers l'urbain*—il faut respecter les déterminants géographiques originels—car c'est ainsi qu'ils pourront être mis au service des nouveaux tissus urbanisés tout en préservant leur pérennité ; (iv) *partir de la fonction pour aller vers la beauté*—l'esthétique est importante pour la sérénité du cadre de vie, mais elle doit s'appuyer sur une organisation fonctionnelle efficace— c'est d'abord le bon fonctionnement de l'espace habité qui permet d'apprécier l'harmonie des formes et des couleurs ; et enfin (v) *aller de la planification vers l'architecture*—c'est la vue d'ensemble qui doit guider les choix particuliers—car l'efficacité comme la séduction des lieux de vie dépend de la bonne articulation pratique et visuelle des éléments qui les composent.

Les principes sont fondamentaux, mais ils ne suffisent pas. Ensuite il fallut, et il faudra toujours, de l'effort et de la volonté. Au pays du Lion de Mer, avant d'être un fardeau, le travail est d'abord une vertu. Ce n'est pas à Singapour qu'on verra jamais un ministère du temps libre. L'horaire légal de travail est de quarante-quatre heures par semaine. Quand on en parle, les trente-cinq heures à la française font gentiment sourire. La devise nationale—*Intégrité, Service, Excellence*—n'est pas qu'un sous-titre ornemental au blason du pays. Ce n'est pas un hasard si Singapour a toujours figuré entre la troisième et au pire la huitième place dans le classement Transparency International des pays à l'administration la plus intègre. Les services représentent soixante-quinze pour cent de l'économie singapourienne. Quant à l'excellence, il n'est qu'à constater la progression du Produit Intérieur Brut par habitant, passé de $428 en 1960 à $59.000 en 2019, le septième au monde après le Luxembourg, la Norvège, l'Irlande, la Suisse, le Danemark et le Qatar, pour en saisir la signification.

Certains beaux esprits font la fine bouche devant la démocratie singapourienne, certes fondée sur le respect sourcilleux de la loi et la répression implacable du moindre manquement, dût-il être considéré futile par nos arbitres des élégances citoyennes. Mais on sait sans doute là-bas que les petits manquements préparent les grands abandons. Alors on tient ferme sur les principes, sur la loi, sur le respect dû par chacun aux institutions nationales. Si l'opposition reste très minoritaire, elle s'exprime, et si la diffamation des politiciens au pouvoir est très sévèrement punie, c'est à la mesure de l'exigence d'intégrité qu'on leur impose et qu'ils assurent très largement comme en témoigne la perception internationale du régime. Un gouvernement fort pour une démocratie efficace, telle pourrait être en résumé la description du paysage politique de Singapour.

Mais revenons vers notre héritage historique. Quand après 1981 le nouveau pouvoir à Paris voulut rénover la politique africaine de la France, le message qu'il fit tenir aux pays partenaires pouvait se résumer en quelques mots: si vous voulez que la France vous aide, accélérez la démocratisation de vos régimes. Pour beaucoup, cela signifiait en pratique l'acceptation du multipartisme, de manière à pouvoir organiser des élections qui aient un sens au lieu de se contenter de plébiscites à répétition. Ce conseil pressant provoqua des réponses diverses.

Felix Houphouët-Boigny, alors à la tête du fleuron célébré des économies d'Afrique de l'Ouest mais poussé par ses pairs occidentaux à élargir le débat politique en Côte d'Ivoire, expliquait que le parti unique était le moyen le plus sûr, à ce stade de formation de la conscience nationale, d'assurer la cohésion du pays. Le multipartisme, disait-il, conduirait à l'émergence de partis ethniques qui ne manqueraient pas de menacer à terme l'unité de la nation. Simultanément, il s'assurait que son gouvernement représentait l'ensemble des sensibilités tribales du pays. Il faut reconnaître que les maladresses de ses successeurs, qui ont conduit la Côte d'Ivoire à la guerre civile en abusant des allégeances tribales au détriment du respect de la nation, ont assez largement validé ses craintes, même si l'impréparation de sa succession a certainement contribué à l'émergence des désordres.

Face à de similaires pressions, un autre chef d'état africain au long cours décida, à l'inverse, non seulement d'autoriser, mais d'encourager, la formation de nouveaux partis politiques. L'encouragement consistant en la dotation instantanée d'un pécule significatif, pas moins d'une vingtaine de partis furent portés sur les fonts baptismaux—dans tous les sens phonétiques du terme. Deux conséquences immédiates : le bonheur inégalé du concessionnaire Mercedes et la réélection quasi-perpétuelle de l'impétrant, face à une opposition plus éparpillée qu'une constellation d'étoiles dans la Voie Lactée.

Un des meilleurs exemples de pluralisme politique comme de stabilité démocratique en Afrique demeure le Sénégal. La sagesse et le charisme de Léopold Sédar Senghor, son premier président, qui sut quitter le pouvoir pour mieux assurer une transition paisible, y sont sans doute pour beaucoup. Ceci ne rend d'ailleurs que plus insupportable encore l'outrage fait au peuple sénégalais par la France lors du décès du père de l'indépendance nationale. Bien sûr, en mourant un 20 Décembre Léopold Senghor bousculait sans doute le calendrier de fin d'année de l'Elysée, mais enfin pour porter en terre le premier Africain élu à l'Académie Française, l'ancien ministre de la République, le poète médaille d'or de la langue française, en plus du président d'un pays historiquement lié à la France, ne fallait-il pas briser la trêve des confiseurs ? Il faut croire que non, puisque le Président de la République Française ne fit pas le déplacement. Il faut dire que le Président avait déjà donné dans le funéraire quelques mois plus tôt, en se précipitant à Damas pour assister aux obsèques de Hafez El Assad, le grand humaniste syrien. Il était peut-être diplomatiquement nécessaire de se rendre à Damas, il était moralement inexcusable de ne pas aller à Dakar. Le souvenir de cette faute reste vif parmi les Sénégalais, et on est libre de penser que si nombre de voix africaines ont sans doute manqué à Paris lors de l'attribution des Jeux Olympiques de 2012, le 6 Juillet 2005 à Singapour, cet épisode y aura lourdement contribué.

Ce relatif désamour n'est pas perdu pour tout le monde, car alors que nombre de pays occidentaux réduisaient leurs investissements en Afrique suite à la crise financière de 2007, un plus lointain partenaire en profitait pour pousser les feux. Bien qu'il soit toujours difficile d'obtenir des statistiques précises, on estime ainsi que la Chine a consacré au cours des dernières années près de la moitié de son aide au développement à l'Afrique. Le total de l'investissement direct étranger en provenance de Chine a par ailleurs été estimé à vingt-et-un milliards de dollars en 2012, un doublement depuis 2009[7]. Toutefois en sus de l'aide officielle, c'est le volume des prêts qui impressionne: en 2014, treize pour cent des prêts consentis au continent venaient de l'Empire du Milieu. Plus de soixante-dix milliards de dollars de contrats de construction d'infrastructures ont été signés cette même année avec des entreprises chinoises. Or la plus grande part de ces prêts sont de nature commerciale, à des taux souvent bien plus élevés que ceux offerts par les pays occidentaux. Ce qui nourrit des soupçons parmi les partenaires traditionnels de l'Afrique—la Chine se ménagerait-elle un accès privilégié aux ressources en matières premières de ces pays en préparant ainsi les conditions pouvant conduire à un remboursement en nature de ses engagements financiers ? Certes la Chine ne fait pas mystère de son intérêt pour les ressources qui lui font défaut, mais sa relation avec le continent africain apparait plus complexe, et la traditionnelle opacité des statistiques officielles n'aide pas à démêler réalités et fantasmes. Il ne fait aucun doute que l'attention portée par la Chine à l'Afrique n'est pas uniquement philanthropique, et sa disponibilité à traiter avec des gouvernements peu regardants sur les principes de la démocratie représentative, surtout quand ces derniers ont beaucoup à offrir, attise les suspicions. Mais par ailleurs, les projets en lien direct avec l'exploitation des matières premières demeurent peu nombreux, et les investissements chinois pénètrent peu à peu tous les secteurs, y compris l'agriculture et les services. Ce qui donne naissance à d'autres craintes : la Chine chercherait-elle à coloniser l'agriculture africaine pour d'abord nourrir les Chinois ? Cette menace parait aujourd'hui dénuée de fondement, mais elle illustre bien l'imaginaire fantasmagorique engendré par la percée du colosse asiatique. Quand la Chine avance, le dragon n'est pas loin.

Et une chose est certaine, les Chinois avancent vite. Sur leur propre territoire, en construisant 70.000 kilomètres d'autoroutes en dix ans ils auront dépassé les Etats-Unis comme plus grand réseau mondial avec 112.000 kilomètres contre 103.000. Le Canada pointe à la troisième place avec 17.000, la France à la septième avec 12.000 kilomètres. Quant au réseau ferroviaire à grande vitesse, en douze ans, entre 2003 et 2015, la Chine a construit 19.000 kilomètres de voies, soit les deux tiers du réseau mondial. L'Espagne avec 3.100 kilomètres, le Japon avec 2.400 et la France avec 2.000 se partagent le reste. Rien d'étonnant à ce que les entreprises chinoises, fortes de ce palmarès, montent à l'assaut des marchés internationaux. Bien sûr le contexte chinois présente des particularités qui facilitent la performance, même si elles ne sont pas toujours enviables. Lors d'une discussion à la Banque Mondiale, une femme remarquable, présidente d'une organisation non-gouvernementale indienne vouée au soutien et à l'inclusion des communautés locales déshéritées de l'Union, faisait ainsi face à un officiel chinois qui se targuait de la rapidité de la construction des routes rurales dans son pays, soulignant à l'inverse la lenteur dans la mise en œuvre de projets similaires en Inde. Son interlocutrice eut alors un commentaire définitif :

- Nous sommes une démocratie. Vous êtes une dictature.

Qu'y avait-il à répondre ? La discussion s'arrêta là.

LE DALAÏ LAMA ÉCRIT : « *Il n'y a personne qui soit né sous une mauvaise étoile, il n'y a que des gens qui ne savent pas lire le ciel.* » Si au Nord les émanations des cheminées d'usine et des pots d'échappement dissimulent aujourd'hui le firmament, tandis que des millions d'écrans de toute sorte en détournent le regard, au Sud on sait encore lire le ciel. Peut-être d'ailleurs faudrait-il simplement dire : on sait encore lire. Car le déferlement technologique qui submerge les pays développés, s'il offre tant d'opportunités nouvelles, n'est pas sans semer quelques dommages collatéraux dans les opinions publiques comme dans les cercles gouvernementaux, où l'adhésion au modernisme échevelé tient de plus en plus lieu de réflexion philosophique.

Ainsi voit-on trop souvent l'utilisation de l'internet et des nombreux supports électroniques aujourd'hui disponibles promus au rang de facilitateurs polyvalents de tous les apprentissages, avec ce corollaire dévastateur, non-dit mais subliminal dans toutes les communications farouchement optimistes de tous les ministres de l'éducation nationale en succession, qu'on peut ainsi apprendre *sans effort*. Avec l'internet de la connaissance, boîte noire des fantasmes collectifs repeints aux couleurs de l'information instantanée, bienvenue au pays radieux du savoir sans peine. Ceux qui savent la nécessité quotidienne de l'ascèse, comme ces enfants qui font chaque jour cinq kilomètres à pied ou plus pour aller à l'école et en revenir, sont vaccinés contre l'inanité de cette illusion.

Mais elle a la vie dure, et c'est si gratifiant, pour les dispensateurs stipendiés de la réussite pour tous comme pour les élèves, rebaptisés apprenants par esprit de contradiction, de croire et laisser croire que le savoir vient en dormant sur son smartphone et que le SMS est désormais la forme aboutie de l'expression sémantique. En conséquence de quoi livres et dictionnaires, reliques d'un passé obscur où des instituteurs sans doute imperméables aux charmes de l'orthographe phonétique s'obstinaient à utiliser la dictée pour ouvrir l'esprit des têtes blondes aux mystères de la langue, sont archivés dans les cabinets noirs de la révélation électronique à l'instar des instruments de torture de l'Inquisition dans les musées espagnols.

Heureusement, la langue a voyagé. Les mots ont traversé la mer accrochés aux filins du vent, lestés de Provence et d'Ardennes, d'Aquitaine et de Normandie. Ont navigué vers la terre neuve forger le nom des otaries, des rennes et des caribous qui ne savaient dire que l'hiver. Et les mots venus de la mer sont allés vers le soleil et la mousson, la savane et la forêt vierge, pour tisser ce grand manteau qui s'appelle aujourd'hui la Francophonie. Le bonheur vivant de la langue est désormais ravivé chaque jour aux quatre coins du monde par des enfants et des adultes heureux et fiers de transmettre cet héritage, à des années-lumière des pédanteries parisiennes des pédagogues pontifiants.

Il faut dire que puisque à l'école de France on apprend surtout à ne plus apprendre, on a du temps pour expérimenter les dernières trouvailles des innovateurs éducatifs— ou des éducateurs innovants, allez savoir. Au demeurant, on renouvelle avant tout le vocabulaire, car il y a déjà quelques années que les professeurs, dits de lettres par antiphrase, ayant abandonné toute prétention à l'orthographe, ce sont les professeurs de mathématiques, sans doute plus attachés à l'exactitude des signes, qui corrigent dans leurs devoirs les fautes de français des élèves. Comme quoi l'interdisciplinarité n'est pas une idée neuve. Et dans ce monde idéal où des écoliers tous pétris de bonnes intentions se construisent tout seuls leurs savoirs, on constatera surtout qu'en éducation comme en politique, l'angélisme répétitif demeure le plus sûr chemin vers la bêtise incantatoire.

Alors tandis que des enfants d'Afrique usent leurs yeux chaque soir à déchiffrer des livres usés sous la lumière de réverbères à l'alimentation aléatoire, au Nord la cybernétique portable et personnelle permet aux cerveaux adolescents d'économiser leur énergie vitale pour la consacrer prioritairement aux joies sans cesse renouvelées du réseau social et du tweet expressionniste. Traditionnellement, quand on attache une pierre à une corde pour mesurer la profondeur d'un étang, c'est la longueur de corde entraînée par la pierre avant de toucher le fond qui nous intéresse.

Mais dans le monde du tweet, l'intéressant, c'est le nombre et l'étendue des rides que fait la pierre en touchant l'eau. L'important n'est plus qu'on sache, mais qu'on en parle. Le savoir est dépassé, c'est le bruit qui fait recette. La connaissance disparait sous l'écume du vacarme, et les pédagogues, servilement, enterrent la connaissance et répandent le vacarme.

En Juin 2013 la Banque Mondiale publie la deuxième étude de la série *Baissons la Chaleur*[8], consacrée à la lutte contre le changement climatique. Le rapport est mis en ligne un weekend. Le lundi matin, la Vice-Présidente en charge du climat, lors d'une réunion de management, exulte : la publication de l'étude a généré 40.000 tweets. Il n'y a pas débat, d'ailleurs ce n'est pas l'objet de la discussion, car le consensus est immédiat—l'étude est un succès absolu. Sait-on combien de signataires des tweets ont en fait lu l'étude, qui fait 254 pages, ou seulement son Résumé Exécutif, qui en compte quand même 34 ? On ne sait pas. Sait-on ce que disent les tweets, ils sont conquis, ils sont révoltés, ils soutiennent, ils critiquent, ils complimentent, ils vitupèrent ? On ne sait pas non plus. En quoi peut-on inférer des 40.000 tweets que l'objectif de l'exercice, influer sur les politiques publiques selon les préconisations du rapport, sera atteint ? On ne peut pas. Mais tout cela, ce lundi matin, est secondaire. Ce qui compte d'abord, c'est revendiquer le succès, et dorénavant le succès c'est le *buzz*, donc le tweet.

Et pendant ce temps-là, en Afrique, où l'on sait la longueur du temps comme le prix de l'effort, la mythologie rejoint la modernité. La première licorne africaine est née. La licorne, c'est bien sûr cet animal fabuleux, avec un corps de cheval, une tête de bouc, et une corne au milieu du front. Mais c'est aussi, en jargon numérique, une start-up qui atteint un milliard de dollars de valorisation. Or c'est le statut que vient d'atteindre l'Africa Internet Group, maison mère de plusieurs jeunes pousses dont Jumia, le champion continental du commerce en ligne. Voilà donc qu'une société traditionnelle entre toutes accouche à son tour d'entreprises à la pointe du développement technologique. Et c'est l'occasion de se prendre à rêver, ou plutôt non, d'anticiper un monde où les pays encore enracinés dans leur traditions, où les sagesses ancestrales sont révérées comme des richesses et non moquées telles des ringardises, où ces pays donc, ajoutant à la profondeur de la mémoire la maîtrise des outils du présent, prendront le dessus sur les nations prétendument modernes, ivres de facilité technique mais trop oublieuses d'un passé qu'elles dénoncent sans même l'avoir compris, et qui, troquant un savoir décrié contre un droit d'entrée virtuel aux plaisirs instantanés, caracolent dans le brouillard des mots vers un futur hémiplégique.

Et si ces femmes assises à longueur de journée dans le désert ne séparaient pas seulement les grains de blé des grains de sable, mais triaient déjà, à une autre échelle, les outils de la modernité occidentale pour n'en garder que l'utile et le nécessaire, rejetant l'artificiel et le superflu ? Car il faut imaginer ces hommes et ces femmes, citoyens et citoyennes de pays jeunes mais à la longue mémoire, demain artisans, cadres, chefs d'entreprises, ministres ou chefs d'état, et sachant, à la lumière de ce qu'ils auront vu se passer dans les pays du Nord, trier entre avantages pratiques et effets secondaires, entre bénéfices réels et attributs illusoires, pour exploiter au mieux de leurs possibilités les outils extraordinaires que le progrès scientifique mettra à leur disposition. Sans doute sauront-ils, mieux que nous, les apprivoiser pour en tirer le meilleur, et, enrichis de notre expérience comme protégés par ces qualités désuètes que sont la sagesse et la patience, les mettre à leur service en évitant l'asservissement. C'est alors, revanche ironique de l'Histoire, que l'on pourra voir les pays autrefois maîtres du progrès et défricheurs de l'avenir, aujourd'hui noyés sous le déferlement mercantile de leurs trouvailles technologiques, abandonner la conduite du monde à ces autres pays, longtemps regardés avec condescendance, mais qui parce qu'ils n'auront oublié ni l'héritage des générations ni le prix de l'apprentissage, et n'auront pas confondu le pays des merveilles avec Disneyland, sauront désormais mieux utiliser au bénéfice de tous les inventions prodigieuses dont les créateurs ont perdu le contrôle, avant d'en imaginer d'autres, qu'il leur reviendra à leur tour de disséminer parmi l'humanité vagabonde.

Et si l'on en doutait encore, comment ne pas réaliser le fossé séparant chaque jour davantage ces nations vibrantes, qui ont su faire du désespoir une force et de la misère une armure, de ces démocraties épuisées, droguées aux droits acquis, et tiraillées entre inerties corporatistes et récriminations infantiles. Combien faut-il d'heures à ces Mauritaniennes, à genoux sur le sable, pour récupérer assez de blé pour cuire un quignon de pain, sans une plainte ? Quand en France des syndicats irresponsables jettent des enfants dans la rue pour dénoncer une loi qui n'a d'autre but que de leur faciliter l'accès au marché du travail, que voient-ils autour d'eux ? Savent-ils que Nouakchott est à cinq heures de Paris ? Savent-ils qu'ils vivent sur la même planète ?

LES ILES DU CAP VERT n'ont de vert que le nom. Si le cap, à la pointe occidentale de l'Afrique, est bien vert, les iles ne sont que roche et sable. Avec une équipe de consultants, c'est sur l'île de Fogo, qui abrite le plus haut sommet de l'archipel, un volcan encore actif culminant à plus de 2.800 mètres, que je débarquai un jour de Septembre. Notre intérêt toutefois n'était pas tourné vers les hauteurs, mais se concentrait plus prosaïquement au ras du sol. Nous recherchions un site possible pour un nouvel abri portuaire. Cependant, la côte, à Fogo, cela se mérite. Sur une bonne part du pourtour de l'île, des falaises plongent verticalement jusqu'au rivage. Et justement, l'un des sites que des pêcheurs nous avaient indiqué se trouvait au pied d'une de ces murailles de pierre. Accompagnés de guides locaux nous descendîmes tant bien que mal jusqu'au site. Après avoir fait nos relevés, il fallut bien repartir, attaquer l'ascension de la falaise. En arrivant au sommet, si nos compagnons capverdiens gardaient un rythme impavide, notre équipe d'européens tirait la langue. Le soleil était intraitable, l'ombre imaginaire, et plusieurs kilomètres de marche nous attendaient pour rejoindre les voitures. Nous étions arrivés à peu près à mi-chemin de cette étendue de rochers et d'éboulis quand il nous sembla voir des silhouettes venir à notre rencontre. Elles venaient, en effet, et quand elles nous rejoignirent nous réalisèrent qu'il s'agissait d'habitants du village le plus proche, qui nous avaient aperçu marchant dans la caillasse, et qui, sans recevoir ni appel ni alerte SMS —les téléphones n'étaient encore portables que dans les romans de science-fiction—s'étaient mis en route pour nous apporter de l'eau. Sachant comme on se déshydrate vite sur ce terrain accueillant comme une poêle à frire, ils venaient avec des bonbonnes d'eau fraiche pour nous rafraichir et nous désaltérer. Nous les remerciâmes profusément, mais ils n'en voulaient rien entendre. Sur cette terre dure, la vie n'est qu'une richesse partagée. Les hommes aident les hommes, voilà tout. On aimerait que les politiques de développement soient toujours aussi simples.

L'aridité nourrit l'entraide. La profusion l'engourdirait-elle ? Au hasard des souvenirs qui traversent ma tête, je ressens des éclairs fugaces portant en eux la peur, la colère, la résignation, comme autant de déchirures dans la beauté du monde, qui survit, malgré tout, de crépuscule en crépuscule. Le bidonville au pied du phare de Casablanca. Les grilles cadenassées des immeubles de Sao Paulo. Les dépossédés de Tirana. Les policiers surveillant les passants étrangers sur Tienanmen. Les tamiseuses de sable de Nouakchott. Les massacrés de Kigali. Les masques à gaz dans chaque station du métro de Séoul. Les enfants mendiants d'Antananarivo. Les jardins illuminés de Singapour…

Parmi ce qui fait la force des pays du Sud, demeure l'enracinement de la mémoire collective dans la tradition culturelle. C'est l'association de cet enracinement avec les outils de la modernité qui les portera en tête de la marche du monde. Car un corollaire de la tradition, c'est la force de l'engagement. Un de mes collègues à la Banque Mondiale, douanier de métier, travaillait à établir un système de transit administratif des marchandises en Afghanistan. Sans entrer dans les détails techniques, un tel système tourne autour de la mise en place de garanties financières assurant au pays de transit qu'il touchera les droits de douane lui revenant si d'aventure des produits étaient frauduleusement mis à la consommation sur son territoire. Aujourd'hui l'architecture de ce type de système est essentiellement informatique et fonctionne sur la base de transmissions sécurisées de données entre administrations douanières, avec la participation des organisations professionnelles de transporteurs, routiers en particuliers, à la mise en place du système de garanties[9]. Toutefois, dans l'Afghanistan au sortir de la guerre civile, de tels soubassements techniques étaient pratiquement inexistants, et la superposition brutale d'une couche de vernis cybernétique sur les protocoles traditionnels semblait peu prometteuse. Mon collègue douanier décida alors de s'appuyer sur, précisément, la tradition. L'engagement, la parole donnée, structurent toujours fortement les relations sociales afghanes. Tout manquement y est souvent puni par le sang. Rudimentaire peut-être, mais redoutablement efficace. Il présenta alors les garanties à offrir lors d'une opération de transit comme relevant du même type d'engagement. La superstructure informatique viendrait plus tard, mais la greffe prendrait d'autant mieux qu'elle s'appuierait sur une pratique ancrée dès lors dans le pacte social traditionnel. Le dialogue ainsi amorcé permit la mise en route du projet.

Vatel ne s'est pas passé son épée à travers le corps parce que le suicide était stipulé dans son contrat pour ce type de situation. Mais il était requis par son code moral personnel. Après trente siècles de philosophie universelle, on peut trouver déroutant qu'en ces temps de confusion verbale et d'anémie sémantique, alors que les codes moraux de toute nature s'étiolent et disparaissent, on ait perdu de vue une vérité simple : un engagement sans contrainte n'engage à rien.

Ce qui ne disparait pas, en revanche, c'est la propension idéologique à hiérarchiser les positions intellectuelles, qu'elles soient politiques, économiques ou culturelles. Il y aurait les bons et les méchants, les égoïstes et les généreux, les réactionnaires et les progressistes, bref Dieu et le Diable, qui se portent d'ailleurs fort bien dans nos sociétés laïques à l'athéisme triomphant. Or l'idéologie est le poison de la liberté. Elle paralyse la pensée, étouffe le sentiment, obscurcit la raison. A plus forte raison encore quand il s'agit d'essayer d'imaginer le devenir du monde, il faut bannir l'idéologie de l'équation. De quelque bord qu'elles soient, leur application dogmatique à travers le théâtre du développement au cours des cinquante dernières années n'a conduit le plus souvent qu'à des naufrages coûteux en vies humaines comme en ressources. Aux menus tout faits des théories péremptoires et des idéologies définitives, il faudra toujours mieux préférer le service à la carte, en y incluant les spécialités locales.

En attendant, le développement aussi développe son idéologie. Résilience, durabilité, gouvernance: des substantifs à l'esthétique discutable et au contenu indéfini renouvellent pour le pire le discours public. On est passé des visions pérennes aux politiques durables comme de la pierre de taille au préfabriqué. Au nom de la sacrosainte précaution, le vocabulaire est prié de s'enrichir de substantifs improbables—tel *traçabilité*, autre monument de l'élégance linguistique. Mais il est à craindre que ces politiques n'aient de durable que la longueur escomptée du mandat de leur promoteur.

Ainsi de *résilience*, la propriété technique élevée au niveau de l'exigence morale, quand les mots viennent au secours de la volonté. De la pierre au mental, dernier avatar d'une conscience collective en dérive ou le retour de l'esprit des cathédrales ? Mais si la résilience est le dernier coussin du confort intellectuel chez les penseurs bien à l'abri des sociétés protégées, sur la terre écorchée des pays pauvres elle est surtout la condition de la survie. Résilience comme résistance, résistance morale, résistance physique ; résilience comme persévérance, face au mauvais sort, face à l'injustice ; résilience comme obstination face au désespoir, résilience enracinée dans la certitude que la vie peut encore triompher de tous les destins, déjouer les complots historiques comme les mesquineries humaines, pourvu que demeurent le courage et l'exigence de la vérité.

L'air du temps, sans doute, peut parfois s'avérer rétif aux clameurs venues du Sud, d'autant plus qu'elles seront souvent réduites en murmures par des médias plus sensibles au sensationnel qu'au fondamental. Après tout, entretenir à peu de frais la frivolité des esprits sera certainement d'un meilleur rapport que leur faire partager les défis quotidiens de l'autre moitié de la planète, celle qui peut nous voir sur Internet mais n'a pas les moyens d'y faire ses courses. C'est d'ailleurs une stratégie qui rencontre un certain succès, à voir il n'y a pas si longtemps les populations mesmérisées en mondovision devant les épousailles anachroniques d'un parasite et d'une parvenue. Gageons que l'humanité vaut mieux que cette caricature énamourée, où l'hypocrisie victorienne le dispute à l'infantilisation des foules.

PRÉCISÉMENT, la foule devrait être un de nos justes soucis, non pour le comportement, mais pour le nombre. La démographie demeure en effet un terme capital de l'équation du développement, souvent sinon négligé, mais sous-estimé, par les approches macro-économiques. Si la récente crise migratoire met bien en relief les effets de vases communicants entre Sud et Nord, entre pays pauvres et nations supposées riches, effets qu'il sera difficile de contenir à coups de législations comminatoires ou de grandes murailles, elle souligne aussi la dynamique propre des pays d'origine, où gît la racine du problème. Car alors que la fécondité balbutie dans nombre de pays développés, elle explose dans les pays les plus pauvres. Les progrès remarquables de la situation sanitaire, et de la médecine de la petite enfance en particulier, contribuent certainement au phénomène, et on ne saurait bien sûr s'en plaindre, mais le cœur de la question réside dans la pratique sociale, sous-tendue la plupart du temps par l'injonction religieuse.

Dans les siècles passés, les pouvoirs politiques et religieux ont longtemps partagé le même objectif démographique, car la puissance d'un pays se mesurait d'abord à l'importance de sa population. Les peuples nombreux faisaient aussi les grandes armées. Mais si le développement industriel a maintenu pour un temps les atouts du nombre, l'évolution économique du dernier demi-siècle a bousculé la hiérarchie des principes de la dominance. Désormais la position vaut souvent mieux que la production, et l'intermédiation se vend plus cher que la transaction. Singapour en est le parfait exemple, qui n'a pratiquement rien à vendre en propre mais règne sur les marchés de l'intermédiation financière, logistique, et d'échanges de la connaissance. Dans ce nouveau contexte ce n'est plus le nombre qui fait la force, mais le niveau d'éducation. Or de ce point de vue la dérive démographique des pays pauvres les condamne à une double peine. D'une part le gonflement des jeunes générations crée une demande que le système éducatif, par manque de moyens budgétaires, ne peut satisfaire, et d'autre part la croissance d'une population non qualifiée mais naturellement anxieuse d'échapper à des conditions d'existence difficiles menace la stabilité du tissu social et fournit des recrues faciles à tous les extrémismes. Malgré ces évidences, et témoignant pour une fois d'une rare convergence œcuménique, les grandes religions du Livre persistent à promouvoir, par la parole et parfois par la force, des principes natalistes aux antipodes de l'intérêt des peuples qu'elles prétendent guider vers un avenir peut- être meilleur, mais pour l'immédiat encalminé dans les convulsions mortifères d'un présent qu'elles ignorent.

La pression du nombre dans un environnement aux ressources limitées ne se traduit pas seulement par la tentation de l'exil, mais quelquefois aussi par l'implosion domestique. Certains démographes pourraient ainsi reconnaître dans les grandes pestes du passé, voire dans certaines guerres civiles, quelque phénomène endogène de régulation de populations devenues trop importantes par rapport aux écosystèmes qui les abritaient. Ce n'est sans doute pas entièrement par accident que la tragédie génocidaire du Rwanda se soit passée dans un pays à la plus haute densité humaine du continent. Parmi les grandes pandémies d'aujourd'hui, d'autres menaces de masse apparaissent : les accidents de la route seraient-ils la nouvelle peste ? Mais la peste, au moins, était égalitaire, tandis que la mortalité routière frappe d'abord les plus vulnérables, au premier rang les enfants. Alors il faut bien poser la question, faut-il considérer comme intangible la mission de croître et multiplier, si elle doit conduire, d'une manière ou d'une autre, à légitimer le massacre futur ?

La démocratie est la loi du nombre, mais le nombre sait-il faire la loi ? Si la sagesse des peuples doit s'exprimer à travers le choix qu'ils font de ceux qui reçoivent la charge de les gouverner, sans doute devrait-elle aussi s'attacher à garder les élus des tentations dangereuses, voire à les réprimer d'autant plus fortement que la sanction doit se montrer à la mesure de la confiance accordée, bien souvent considérable. La séduction réussie doit conduire à l'exercice d'un pouvoir certes déterminé, mais respectueux des exigences élémentaires de la dévolution par des hommes à d'autres hommes de la capacité de choisir en leur nom la direction de leur destin commun, à savoir l'intégrité et la compétence. Le pouvoir démocratique est par essence, en principe au moins, temporaire, et ceux qui obtiennent de l'exercer au plus haut niveau devraient toujours avoir d'abord le souci de la transmission réussie du témoin plutôt que de la muséification de leur performance personnelle. Mais tout le monde n'est pas Cincinnatus, ou plus près de nous Léopold Sedar Senghor ou Nelson Mandela. Alors sont-elles robustes, les démocraties de ce temps ? Une récente publication par Alina Mungiu-Pippidi, qui préside le Centre Européen de Recherche pour l'Anti-Corruption et la Gouvernance, dresse un état des lieux mitigé[10]. Son étude établit qu'on recense aujourd'hui à travers le monde plus de quatre-vingt démocraties et quarante dictatures où, dans un cas comme dans l'autre, les ressources publiques sont ouvertement et systématiquement pillées par le pouvoir en place. Même si les régimes démocratiques dominent l'inventaire universel en valeur absolue, la statistique est néanmoins déconcertante. Si les mots ont un sens, qu'est devenue la souveraineté populaire ? Cette disparition chronique de la vertu derrière le vocabulaire menace la crédibilité même de cette forme de gouvernement, avec les risques de dérives populistes que l'on connaît. Si jamais il devait en exister une, sans doute pourrait-on dire qu'une dictature intègre et compétente serait plus difficile à critiquer qu'une démocratie corrompue. Mais voilà, qu'advient-il alors de la liberté ?

Il y a plus de soixante ans, Milton Friedman écrivait «*L'humilité est la vertu de celui qui croit à la liberté*»[11]. C'est aussi une vertu qui vient avec le temps, et comme l'Histoire l'a montré, la liberté aussi. Mais l'apprentissage commence tôt. En 1978, j'accomplissais mon service national, au titre de l'Aide Technique, comme ingénieur à la Direction de l'Equipement de Mayotte. J'y étais principalement chargé de la préparation du projet du port de Longoni, alors tout juste à l'état d'esquisses, et comme cela ne suffisait pas à remplir mon emploi du temps, le Directeur, un colosse au dynamisme communicatif, y avait ajouté l'adduction d'eau au motif indiscutable que «*tout ça, c'est de la flotte !*». Mayotte étant un territoire français de culture majoritairement musulmane, nous cessions le travail vendredi à midi pour laisser les ouvriers se rendre à la mosquée. Un jeudi après-midi, le Directeur m'appelle dans son bureau, où je le trouve en conversation avec le cadi de Mamoudzou, le chef-lieu de la Grande Terre. Le cadi explique que depuis maintenant plusieurs semaines, il n'y pas d'eau à la mosquée le vendredi matin, ce qui constitue une véritable gêne pour les fidèles qui doivent y faire leurs ablutions. Royal, le Directeur se tourne vers moi : le nécessaire sera fait. Le cadi parti, je retourne dans mon bureau. Le réseau de distribution d'eau de Mamoudzou est alors un labyrinthe de tuyaux de bric et de broc, sans plan d'ensemble et sans système bouclé, où l'eau circule quand et où elle le veut bien. Il n'y pas d'adduction permanente, et la pression dépend du niveau des captages de source dans deux barrages miniatures, plus haut dans les collines. Avec Ali, mon chef plombier, qui connait le réseau comme sa poche, nous descendons à pied dans le bas quartier de la ville, où se trouve la mosquée. Puis de là nous remontons tant bien que mal les multiples branches, ouvrant une vanne ici, en fermant une là, dans un processus de décision s'apparentant davantage à l'intuition divinatoire qu'à la détermination cartésienne. Rentrant chez moi le jeudi soir, je suis un peu dans la disposition d'esprit du joueur de loto qui espère qu'au moins deux numéros sortiront—quelques gouttes, au bon moment, ce serait déjà un succès.

Le vendredi passe, puis le samedi, puis le dimanche. Le

lundi matin, alors que je viens d'arriver au bureau, je vois de ma fenêtre un long groupe monter à pied, en procession, la route qui grimpe de la ville jusqu'à la Direction. A sa tête, je reconnais le cadi. Maugréant déjà, je me dis que je peux jeter mon billet de loto. Il n'y a pas eu d'eau à la mosquée, et ils viennent se plaindre, évidemment, et en nombre cette fois. Comme ils s'approchent, je sors sur la terrasse qui entoure la cour qu'encerclent nos bâtiments. La délégation entre dans la cour, et tous les regards convergent sur le groupe. En haut des quelques marches qui surplombent l'espace, un peu comme si cette position dominante devait me préserver des reproches, je prépare mes arguments : on a vraiment pensé que ça pourrait marcher, on essaiera autre chose jeudi prochain, on a fait ce qu'on a pu, on va recommencer, désolé. La délégation s'est arrêtée. Le cadi s'avance. Il y a eu de l'eau ce vendredi à la mosquée. Ils sont venus pour dire merci. Je demeure quelques secondes interloqué, avec sans doute, toutes proportions gardées, l'ahurissement du préfet des Hauts de Seine recevant une délégation d'étudiants de Nanterre venus le remercier d'avoir rétabli l'eau chaude dans le gymnase. J'ai dû bafouiller quelques banalités sur la mission du service public, puis ils sont repartis, dignement, dans la chaleur limpide de ce lundi matin, vers la ville basse et ses maisons blanches. Nous avons alors consciencieusement, semaine après semaine, avec Ali et sa troupe, réédité notre petit exploit, non sans un clin d'œil vers le ciel, car à vrai dire, ce résultat tenait un peu du miracle. Puis l'eau est enfin devenue courante à Mamoudzou, et la population métropolitaine put reprendre le cours normal de ses relations avec l'Administration—on n'y va que quand on ne peut pas faire autrement.

Si je garde encore aujourd'hui un souvenir si vif de ce moment, ce n'est pas seulement pour son apparente incongruité—qui va jamais se déplacer pour remercier un fonctionnaire ?—mais surtout pour la leçon de vie qu'il contient. Malgré le confort illusoire de ceux qui ont eu la chance de naître au bon endroit, la vie est faite de choses rares. Rien n'est dû, tout est offert, mais on ne profitera de ce que l'on prend qu'à la mesure de la gratitude que l'on exprimera, aux hommes ou au monde, ou à la providence, quel que soit le nom qu'on lui donne. A l'heure des surenchères récurrentes pour des droits nouveaux au bénéfice de ceux qui en ont déjà tant, la petite musique du cadi de Mamoudzou me ramène sur la terre collante où la vie se mérite jour après jour, dans l'effort et le partage—et la reconnaissance d'être vivant.

J'ai eu la chance de rencontrer, au fil des années et des pays, quelques personnages exemplaires dans l'humilité conquérante. L'un d'entre eux occupe un coin particulier de ma mémoire. Nous l'appellerons Elie. Après avoir quitté son pays suite à un coup d'état et mené une brillante carrière en France, il était rentré à Madagascar dans les années quatre-vingt, alors que la Grande Ile traversait une passe difficile, pour contribuer à son redressement. Ses qualifications en faisaient un candidat incontournable pour l'Administration, et il obtint une grande direction du Ministère des Transports. Mais son comportement dérogea vite aux habitudes locales. Il refusa d'abord la voiture de service qu'on lui offrait, préférant utiliser sa 2CV Citroën personnelle—les 2CV à Madagascar battent tous les records de longévité. Aimablement mais fermement, il écarta toutes les autres faveurs venant d'ordinaire avec le poste, disant qu'il était rentré à Madagascar pour servir, non pour être servi. Au grand dam de la direction d'Air Madagascar, dont il avait la tutelle, il refusa de voyager en première classe, arguant que ces sièges devaient être laissés à ceux qui pouvaient les payer. Tant de rigueur morale et d'exemplarité durent froisser quelques manitous haut placés peu pressés de suivre cette voie, et Elie se retrouva bientôt exilé à la Direction de la Météorologie, installée dans une petite maison avec un jardinet, dans la banlieue d'Antananarivo. Le jardinet a son importance, car Elie et sa petite équipe manquaient cruellement de moyens pour faire tourner le service, les dieux budgétaires étant d'évidence peu préoccupés par l'état du ciel. Elie et son personnel se mirent donc à planter des légumes dans le jardin de la petite maison, et allèrent les vendre sur les marchés d'Antananarivo pour récupérer de quoi payer les fournitures essentielles. Plus d'une dizaine d'années et une alternance politique plus tard, je devais retrouver Elie comme Secrétaire Général du Ministère des Transports, dans une position où il pouvait enfin montrer toute la mesure de son talent au service d'un pays auquel il avait tant donné.

IL Y A DES regards qui vous entraînent plus qu'ils ne vous parlent. Des regards qu'on veut suivre. Dans le regard d'Elie je voyais cette douceur déterminée, cette considération profonde pour tous ceux qu'il croisait, cette foi absolue dans le temps qui viendra, malgré les échecs et les vexations. Je repense à lui souvent, sa volonté de service, son potager budgétaire, des petites mains aux grandes responsabilités, et son inaltérable sourire. Comme des mots qu'on ne disait pas, mais qu'on entendait : garder confiance toujours, se plaindre jamais. Dans ce regard j'y verrai longtemps ce qu'il faut bien appeler, aujourd'hui face à tant de médiocrités prétentieuses, de la noblesse.

Les pays du monde qui vient s'appuieront sur des

femmes et des hommes de ce caractère. Ils connaissent déjà la formule de tous les succès. Ne rien attendre de la pitié, mais tout espérer du courage. Si les arbres, dit-on, ne montent jamais jusqu'au ciel, ces pays debout sauront demain tutoyer les nuages.

L'AVENIR EST une ambition rare.

ET SUDISTE.

---

1. Lors de ses trois mandats consécutifs de maire de la ville de New York, Michael Bloomberg fixa son salaire de premier magistrat de la ville à 1$ symbolique par an.
2. http://givingpledge.org/index.html
3. *Grameen Bank – Performance and Sustainability*, World Bank Discussion Paper no 306, 1995.
4. *Microcredit and Poverty Reduction*, H.I. Latifee, 2003.
5. *The greatest country on Earth*, blog par Joseph E. Stiglitz, 7 Mars 2011
6. La ville fut d'abord connue sous le nom de Temasek, *Ville de la Mer*, puis un prince malais du 14e siècle la nomma *Ville du Lion*, d'après le sanskrit simha (lion) et pura (ville), après avoir cru y voir l'animal. En 1964, l'Office de Promotion du Tourisme effectua la synthèse des deux symboles en dessinant le *Merlion*, le Lion de Mer.
7. *Global Economic Prospects – Sub-Saharan Africa*, World Bank 2015.
8. *Turn Down the Heat : Climate Extremes, Regional Impacts, and the Case for Resilience*, Banque Mondiale, 2013
9. Ainsi du protocole du Transport International Routier (TIR) en Europe et au-delà, géré par l'Union Internationale du Transport Routier (IRU).
10. *The Quest for Good Governance – How Societies Develop Control of Corruption*, Alina Mungiu-Pippidi, 2015
11. *Capitalisme et Liberté*, Milton Friedman, 1962.

www.ingramcontent.com/pod-product-compliance
Lightning Source LLC
Chambersburg PA
CBHW071454220526
45472CB00003B/793